Moritz Stern

Die israelitische Bevölkerung der deutschen Städte

Ein Beitrag zur deutschen Städtegeschichte. 2.: Kiel

Moritz Stern

Die israelitische Bevölkerung der deutschen Städte
Ein Beitrag zur deutschen Städtegeschichte. 2.: Kiel

ISBN/EAN: 9783743637313

Hergestellt in Europa, USA, Kanada, Australien, Japan

Cover: Foto ©ninafisch / pixelio.de

Weitere Bücher finden Sie auf **www.hansebooks.com**

Die
israelitische Bevölkerung
der deutschen Städte.

Ein Beitrag zur deutschen Städtegeschichte.

Mit Benutzung archivalischer Quellen.

Von

Moritz Stern.

II.

KIEL.

———— ◆ ◆ ————

Kiel 1892.

H. Fiencke.

Die

israelitische Bevölkerung

der deutschen Städte.

Ein Beitrag zur deutschen Städtegeschichte.

Mit Benutzung archivalischer Quellen.

Von

Moritz Stern.

II.

KIEL.

. . . . . .

Kiel 1892.

H. Fiencke.

Subscribenten.

W. Alexander.
B. Behrens.
H. Berju.
J. Cohn jr.
A. Doberzinsky.
G. Engel.
J. Fabian.
D. Feldmann.
J. Frankenthal.
S. Frankenthal.
H. Goszczewski.
N. Haendler.
S. Hes.
Ad. W. Hirsch.
F. Hirschberg.
S. Horwitz.

Dr. Jakob.
Rechtsanwalt Jakoby.
L. Jakobsohn.
J. Inow.
Ad. Jonas.
Jonny Jonas.
B. Isaacsohn.
J. Isaacsohn.
A. Juda
Gebr. Lask.
H. Rapp.
M. Schnell.
C. Schumm.
M. Steinfeld.
J. Tannenwald.
Is. Tannenwald.

Vorwort.

Auf »Ueberlingen am Bodensee« folgt im vorliegenden zweiten Hefte »Kiel«. Es erhellt hieraus deutlich genug, dass es nicht meine Absicht ist, die Entwicklung der israelitischen Bevölkerung und ihre Teilnahme am Volks- und Städteleben in einer bestimmten Reihenfolge vorzuführen. Die Wahl der Städte ist vielmehr von äusseren Verhältnissen abhängig. So wird im dritten Heft »Nürnberg im Mittelalter« und im vierten »Ravensburg in Württemberg« zur Darstellung gelangen.

Seiner Excellenz Herrn Oberpräsidenten von Steinmann, Herrn Oberbürgermeister Fuss, Herrn Staatsarchivar Geh. Archivrat Dr. Hille und Herrn Oberbibliothekar Dr. Steffenhagen sei mein geziemender Dank für freundliche Förderung ausgesprochen. *

* In den Noten bezeichnet St. A. zu Schleswig das Kgl. Staats-Archiv zu Schleswig, St. A. zu Kiel das Stadt-Archiv zu Kiel.

Zu den Jahrmärkten und dem wichtigsten derselben, dem im Januar stattfindenden Kieler Umschlag, kamen Juden bereits im 17. Jahrhundert nach Kiel. Für die Teilnahme am Markte mussten sie eine tägliche Steuer, Recognition genannt, entrichten, von der indess eine Zeit lang die Juden aus Hamburg und Altona befreit waren. [1] Ausser in der Marktzeit Gewerbe zu treiben war den fremden Krämern und Juden nicht gestattet, und wurde das darauf bezügliche Verbot wiederholt, insbesondere durch eine allgemeine hochfürstliche Landesverordnung vom 10. und 18. Februar 1727 eingeschärft. [2] Doch hinderte dies nicht, dass seit etwa 1690 einzelnen mit dem herzoglichen und grossfürstlichen Hofe in Verbindung stehenden Juden ständiger Wohnsitz in Kiel eingeräumt wurde.

Es geschah dies zuerst mit Jacob Musaphia, dem Gründer der Kieler Judenschaft. Er wohnte früher in Tönning und hatte am 18. November 1674 von Herzog Christian Albrecht das Schutzprivileg [3] erhalten, in Tönning Handel und Wandel zu suchen, seine Kinder in Friedrichsstadt beschneiden zu lassen und seine Toten nach Glückstadt zur Beerdigung zu bringen. Als er im Jahre 1690 privilegiert wurde, [4] ein Lombardhaus in Tönning oder Friedrichsstadt zu errichten, entschied er sich für Friedrichsstadt, ging aber nicht selbst dorthin, sondern sandte seinen Ge-

[1] Erlass des Herzogs Friedrich IV., 1695 Dez. 30 Schloss Gottorp, auf die Klage des Israel Fürst im Namen der Hamburger und Altonaer Juden: Original im St. A. zu Kiel, J IV fremde Juden und Krämer I, nr. 1.

[2] Die Verordnung vom 18. Febr. abschriftlich im St. A. zu Kiel J IV, I, nr. 3.

[3] Abschriftlich im St. A. zu Schleswig, Gottorpsches Archiv, Acta betr. Stadt Tönning, Judensachen de 1678/79.

[4] St. A. zu Schleswig, Gottorpsches Archiv, Acta betr. den Lombard zu Friedrichstadt und Schleswig 1690—1712.

schäftsführer Samuel Eleasar [1]. Bald darauf muss Jacobs Ernennung
zum Hofjuden und seine Übersiedlung nach Kiel erfolgt sein.
In einer Eingabe des Jahres 1693 wird er bereits »Hofjude« genannt [2] und am 22. Januar 1695 urkunden die gesamten Wis-
marischen und Oldenburgischen Unterthanen, dass »der hochfürstl.
Hofjude Herr Jacob Musaphia« ihnen 1000 Mark baar geliehen,
und sie verpflichten sich bei Verpfändung ihrer Haab und Güter
und dem üblichen Einlager, die Summe mit sechs Prozent Zinsen
in zwei Jahren zum ›Umschlag« 1696 und 1697 an Herrn Jacob
Musaphia« zurückzuzahlen [3]. In seinen Geschäften wurde Jacob
von seinen beiden Söhnen Isaac Musaphia und Joseph Musaphia
unterstützt, und als Jacob gegen Ende des Jahrhunderts starb,
wurden Joseph und Isaac an seiner Stelle zu hochfürstlichen Hofjuden ernannt. Die eigenartigen Regierungsverhältnisse in Kiel
bewirkten bald, dass die beiden Söhne völligen Einfluss auf die
öffentlichen Finanzen gewannen. Das Haus Musaphia war es,
das mit seinem Gelde die Geschicke des Staates lenkte. Es sei in
dieser Beziehung auf die umfangreichen Clausenheim-Musaphiaschen
Akten im Kgl. Staatsarchiv zu Schleswig [4] und im Grossherzogl.
Hausarchiv zu Oldenburg [5] hingewiesen. Bezeichnend ist die dem

---

[1] Vor diesem erhielt in Friedrichsstadt Moses Marx »dabevor ein Toback
Spinner, itzo ein Kaufhandeler« Aufnahme. Sein am 20. Okt. 1675 praesen-
tiertes Gesuch wurde zwar zuerst abschlägig beschieden, doch bald darauf
(vor 1677, Juli 11: Eingabe des Hamburger Juden Daniel Cohen de Arevedo)
in folge erneuten Ansuchens genehmigt: St. A. zu Schleswig, Gottorpsches
Archiv, Acta betr. Friedrichsstadt, fremde Religionsverwandte. Dass aber bereits
vor 1674 in Friedrichsstadt mehrere Juden ansässig gewesen sein müssen, geht
aus der an Jacob Musaphia erteilten Erlaubnis hervor, seine Kinder in Friedrichsstadt beschneiden zu lassen.

[2] Acta betr. den Lombard zu Friedrichsstadt und Schleswig: a. a. O.

[3] Abschriftlich im St. A. zu Schleswig, Gottorpsches Archiv, Acta betr.
Jacob Musaphia's Erben contra die Angesessenen der Aemter Wismar und
Oldenburg in puncto debiti de 1710/11. Das Geld hatten die Aemter »zur
Abführung der 1694 intimirten extraordinairen Anlage zu Reichs- und Kreis-
gelder« gebraucht. Trotz der Schuldverschreibung war 1710, Febr. 17 (Eingabe des Isaac Musaphia) noch kein Pfennig zurückgezahlt. Erst 1711 Febr. 6
melden die Musaphiaschen Erben, dass die von Wismar nunmehr bezahlt
hätten, das Geld von Oldenburg stände jedoch noch aus.

[4] Grossfürstliches Archiv A 25, Fach 89—97.

[5] Freundliche Mitteilung des Herrn Staatsarchivars Geheim. Archivrats
Dr. Hille in Schleswig.

Hause Musaphia zu teil werdende Anrede: »Liebe Getreue« und
Unsren Lieben Getreuen, sämtl. Musaphiaschen Erben« seitens
des die Vormundschaft führenden Christian August [1]. Aus einem
Briefe des Kammerrats Johann Clausen vom 1. April 1703 geht
auch hervor, dass Joseph Musaphia »Regiments-Quartiermeister«
eines herzoglichen Regiments war [2].

Wenn auch so Jacob Musaphia die Kieler Judenschaft be-
gründet hat, indem er als der Erste den bisherigen Bann der
Abgeschlossenheit brach, so wurde doch ein anderer der eigent-
liche Ahnherr: Samson Levin. Dieser wurde 1728 von Herzog
Carl Friedrich zum Hofjuden ernannt mit der Erlaubnis, »in den
Herzogtümern zu wohnen und einen redlichen Handel und Wandel
ohne Jemandens Hinderung zu treiben [3].« In folge der Bestallung
Samsons trat bei dem bisherigen Hofjuden Isaac Musaphia ein
Rangwechsel ein, Isaac wurde Hof- und Kammeragent. Auch der
Schwiegersohn Samsons, Namens Heyebund, erhielt am 5. Juli
1741 Concession zum Wohnsitz in Kiel, zog jedoch bald darauf,
da seine Frau starb, nach Altona. Samsons Geschäfte scheinen
damals nicht vom Glücke begünstigt gewesen zu sein, denn in
einer ausführlichen Bittschrift wandte er sich 1749 an die Regierung, sein Handelsprivilegium auf seinen ältesten Sohn Aaron
Samson Levin und seinen künftigen Schwiegersohn Levin Joachim
Cohen, der sich mit seiner jüngsten Tochter verlobt hatte, auszu-
dehnen, da es ihm ohne Beihülfe seiner Kinder unmöglich sei,
seinen Verpflichtungen nachzukommen. Mit Rücksicht auf Samsons gute Führung wurde seinem Gesuche am 24. Mai 1749 statt
gegeben [4]. Es wurde ihm erlaubt, »seinen künftigen Schwieger-

---

[1] 1709, Jan. 25: In Schleswig a. a. O. Acta Commissionalia in Sachen
von Clausenheim contra Juden Isaac Musaphia nr. 9, Fach 92.

[2] Ebendaselbst. Ueber kleinere geschäftliche Angelegenheiten des Hauses
Musaphia siehe noch im St. A. zu Schleswig: Acta betr. Fürstl. Münze zu
Tönning 1702, Acta betr. Postmeister Jacob und Frau Anna Lindlau contra
Jacob Musaphia's Erben in puncto gegenseitiger Forderungen de 1702—1705,
Acta betr. David Moses Levi in Friedrichstadt contra den Hofjuden Joseph
Musaphia in puncto debiti 1704.

[3] St. A. zu Kiel, J III Judenschaft in Kiel 1, nr. 32: Eingabe des
grossfürstl. Hofjuden Samson Levin v. J. 1749.

[4] Beglaubigte Abschrift im St. A. zu Kiel J III, 1 nr. 1.

Sohn Levin Joachim Cohen zu sich ins Haus zu nehmen und
mit demselben, auch seinem ältesten Sohn Aaron Samson Levin
in Compagnie Handlung zu treiben.« Jedoch sollte Cohen alljährlich acht Reichsthaler Recognitionsgeld an die Kammerkasse bezahlen und sie alle »nicht nur in einem Hause beysammen wohnen
und eine Familie ausmachen, sondern auch zum Nachtheil anderer
keinen offenen Laden halten, übrigens aber auf Erfordern sämmt-
lich schuldig seyn, bey denen künftighin wegen Errichtung eines
Lombards oder sonsten zum Soulagement der unbemittelten
Persohnen etwa zu treffenden Verfügungen ihre gute Dienste mit-
zuleisten. Während diese Concession von dem die Regierung
führenden Lübecker Fürstbischof Friedrich August ausgestellt wurde,
trat am 26. Mai (6. Juni) 1758 die Bestätigung [1] durch den Grossfürsten Peter selbst ein.

Die beiden Familien Musaphia und Samson bildeten den
Kern zu einer weiteren Entwicklung der Kieler Judenschaft. Die
Haushaltungen bedurften des Gesindes, die Kinder eines Lehrers;
zum Gottesdienste, der namentlich an den jüdischen Festtagen
gemeinsam begangen wurde, war eine grössere Anzahl von Er-
wachsenen notwendig. Auch sonst suchten wiederholt fremde
Juden ausserhalb der Marktzeit in der Stadt zu verbleiben. Allerdings trat die Regierung dieser Vermehrung nach Kräften entgegen. Die Verordnung vom Jahre 1727 wurde am 17. März
1747 erneuert [2] und auch späterhin in Erinnerung gebracht. Als
der Polizeirat Heydemann am 6. August 1751 anzeigte, dass vor
kurzem etwa zehn Juden ankamen mit der Angabe, vom Grossfürstlichen Hofagenten Musaphia des jüdischen Festes halber verschrieben zu sein, forderte die Regierung den Musaphia und
Samson auf, [3] sich der Hereinschaffung fremder Juden zu enthalten. Nur dem Bierbrauer Jürgen Heinrich Görtz wurde auf
sein Bittgesuch [4] gestattet, einen im Bierbrauen und Destillieren

[1] Datiert aus St. Petersburg, abschriftlich im St. A. zu Kiel J III, 1 nr. 4.
[2] St. A. zu Kiel J IV, 1 nr. 7.
[3] St. A. zu Kiel J IV, 1 nr. 9: 1751, August 10.
[4] St. A. zu Kiel J IV, 1 nr. 10: »weilen ich in dergleichen Distil-
lirung wenig oder gar keine Wissenschaft besitze, mir einen in dieser Kunst
wohl erfahrnen Juden von Rendsburg verschrieben, mit welchem ich bereits
accordiret, um diese Kunst von ihm zu erlernen.« Das Gesuch wurde 1752
März 17 genehmigt.

erfahrenen Juden aus Rendsburg eine Zeit lang bei sich zu be-
halten, um von ihm diese Kunst zu erlernen. Doch liess der
Einfluss und das Geld der Hofjuden die Entschlüsse der Regierung
hin und her schwanken, bis letztere schliesslich in Bezug auf den
Gottesdienst nachgab. Am 11. April 1752 wurden Musaphia und
Samson ersucht, die Namen der bei ihnen weilenden Fremden
jedes Mal anzumelden. [1] Am 22. Mai hiess es wieder, [2] der
Kammeragent und der Hofjude sollten überhaupt keine fremden
Juden hereinschaffen, weder zum Gottesdienst, noch zu sonst einem
Zwecke; nur zur Zeit der Jahrmärkte sei eine Ausnahme gestattet.
Am 1. Juli aber wurde »dem Musaphia sowohl als dem Samson
vergönnt, nebst einem Schächter einen andern Domestiquen zu
halten, welche sich jedoch alles Handelns zu enthalten haben« [3]
und auf erneute Eingabe Musaphias gestattet, für die jüdischen
Feste die fehlenden Personen durch Auswärtige zu ersetzen und
solche bis zum Ende der Feiertage bei sich zu behalten. Nur
sollte der Name des Fremden jedes Mal bei der Polizei angegeben werden und Musaphia dafür haften, dass sich keine Un-
ordnung aus diesem Aufenthalte ergebe. [4]

Isaac Musaphia starb um das Jahr 1760. Vor seinem
Tode wurde noch auf seine Bitte dem Juden Isaac Meyer,
der sich mit Musaphias Haushälterin Hindge Isaac verhei-
tete, die Concession erteilt, im Hause Musaphias zu wohnen.
Als Schutzjude sollte er ebenso wie Levin Joachim Cohen
jährlich acht Reichsthaler an die Kammerkasse entrichten [5] Von

---

[1] St. A. zu Kiel J IV, 1 nr. 11. Eine solche »Designation der fremb-
den Juden« v. 24. April 1752 ist uns im St. A. zu Kiel J IV, 1 nr. 13
erhalten. Damals logierten bei Musaphia: Jacob Israel Elias aus S c h w e r i n,
Juda Rubens aus G l ü c k s t a d t, Samuel Aron aus M o i s l i n g, Joseph und
Isaac Pineas, Israel u. Comp., Isaac u. Comp., Hertz Cohen, Falck Samuel,
Moses Levy, sämtlich gleichfalls aus Moisling. Bei dem Wirt Lobedanz
wohnte ein Jude aus F r i e d r i c h s s t a d t, bei Goertz der Jude Abraham
Samuel Heyman aus R e n d s b u r g, sowie der »Brandweinbrenner«, der
eigentlich nur für 14 Tage Aufenthaltsrecht hatte, sich aber immer noch als
Lehrer der Braukunst da befand.

[2] St. A. zu Kiel J IV, 1 nr. 12.

[3] St. A. zu Kiel J III, 1 nr. 2.

[4] St. A. zu Kiel J III, 1 nr. 3: 1752, Sept. 1.

[5] St. A. zu Kiel J III, 1 nr. 5: Concession des Geh. Conseil v. 22.

Musaphia hören wir seitdem nichts mehr. Kinder scheint er
nicht besessen zu haben, oder es muss seine Familie bald nach
dem Tode des Agenten fortgezogen sein.

Durch den Tod Musaphias gewann die Familie Samson an
Einfluss. Grossfürst Peter bestieg 1762 als Kaiser Peter III. den
russischen Thron, ihm folgte nach sechsmonatlicher Regierung
seine Gemahlin Katharina II. Für den minderjährigen Grossfürsten Paul trat in Holstein wieder die vormundschaftliche Regierung ein. Die von Musaphia bekleidete Kammeragentenstelle
übertrug diese an Aaron Samson Levin, den ältesten Sohn Samsons. Auch des letzteren jüngster Sohn Joseph Samson Levin
machte Carriere. Er wurde am 29. Juli 1763 zum »Grossfürstlichen Schleswig-Holsteinischen Hofjuden ernannt. Seine Be-
stallungsurkunde [1] lautet:

»Bestallung für den characterisirten Hof-Juden
J o s e p h S a m s o n L e v i n.«

Von Gottes Gnaden, Wir Paul Petrowitz, Kayserl. Cron-
Printz, Thronfolger und Gross-Fürst aller Reussen, Erbe zu Norwegen, Hertzog zu Schleswig, Hollstein, Stormarn und der
Dithmarschen, Graf zu Oldenburg und Dellmenhorst etc. Thun
kund hiemit, was gestalten Wir uns allerhöchst bewogen gefunden,
dem jüngsten Sohn Unsers Hofjudens Samson Levin, Nahmens
Joseph Samson Levin, in Betracht seiner guten Aufführung den
Character eines Gross-Fürstl. Schleswig Hollsteinischen Hof-Judens
in Gnaden beyzulegen; Thun auch solches, beylegen und con-
feriren demselben den Character Unsers Gross-Fürstl. Schleswig
Hollsteinischen Hof-Judens hierdurch und kraft dieses dergestalt
und also, dass Unserer Hohen Person in specie, sodann bey
Unserer noch fürwährenden Minderjährigkeit Unserer Höchst-
geehrten Frau Mutter der Russischen Kayserin Catharina der
IIten Kayserl. Mayestät und Gnaden, wie auch Unserm gesamten
Gross-Fürstl. und Hochfürstlichen Hause er getreu, hold und
unterthänig seyn, auch sich in allen Vorkommenheiten mit
gebührender Zelé und Treue, überhaupt aber dergestalt betragen
soll, wie es einem characterisierten Gross-Fürstlich Schleswig
Holsteinischen Hof-Juden und unterthänigst treuen Diener wohl
anstehet, eignet und gebühret, wohingegen er sich Unsers Höchsten
Schutzes zu erfreuen und zu getrösten haben soll.

Dez. 1758 für die Zeit, so lange Musaphia lebe, und Extendierung des Privilegs v. 13. Febr. 1759 auch für die Zeit nach dem Tode Musaphias.
  [1] Beglaubigte Abschrift im St. A. zu Kiel J III, 1 nr. 6.

Urkundlich unter Unserm vorgedruckten Geheimen Conseil Insiegel. Gegeben auf dem Schlosse zu Kiel den 29ten Juli 1763.
Ad Mandatum Ihro Russisch-Kayserl. Mayestät in obhabender Vormundschaft

George Ludwig

M. F. v. Holmer. G. C. Wolf. C. v. Saldern.
D. Ph. Frh.v. Pechlin. E. N. v. Brockes.

Den Regierungswechsel benutzte aber auch der Kieler Magistrat, um hinsichtlich der Juden eine neue Gesetzgebung zu erlangen. In einer Klageschrift [1] an den Grossfürsten wies er am 9. Januar 1764 auf den ungehörigen Missstand hin, dass die Kieler Juden, wenn sie bei der Polizei verklagt würden, nicht erschienen, weil sie als herrschaftliche Hof- und Schutzjuden nur einer Vorladung der Justizkanzlei zu folgen nötig hätten. Der Magistrat müsse aber die Jurisdiction über die Juden haben, da ja auch die Polizei die Aufsicht über dieselben führe. In den Privilegien der Juden sei über einen eximierten Gerichtsstand nichts angegeben. Auch die von der Regierung getroffenen Verfügungen würden nicht beachtet. Wenn auch der Polizei ein Zettel mit jüdischen Namen eingesandt werde, so wisse diese nicht, zu welchem Zwecke so viele Personen erforderlich seien, wann die jüdischen Festtage beginnen und endigen. Unter dem Vorwande der Verwandtschaft hielten sich Wochen lang fremde Juden in der Stadt auf, von denen man nur durch Zufall erfahre, wenn sie der Polizeidiener auf der Gasse träfe. Ebenso hätten der Kammeragent und der Hofjude [1] mehr Bediente, als erlaubt, was auch die übrigen Juden Cohen, Meyer und Joseph Samson nachahmten, obgleich diesen garnicht erlaubt sei, Domestiquen zu halten. Der Schutzjude Meyer beschäftigte sogar vier Juden zum Hausieren auf dem Lande, die alle Freitags nach Hause kämen und Sonntags wieder auf die umliegenden Dörfer reisten, um dort gegen die landesherrliche Verordnung und zum Schaden der Krämercompagnie Waaren zu verkaufen. Ein jeder der Hof- und Schutzjuden habe seine eigene Wohnung, während doch dem Hofjuden Samson nur eine einzige Wohnung mit seiner

---

[1] Concept im St. A. zu Kiel J III, 1 nr. 7. Abgesandt wurde der Brief erst am 12. Jan.

[2] Gemeint sind Aron Samson Levin und der alte Samson.

ganzen Familie zu besitzen erlaubt sei. Beinahe eine halbe Gasse
sei mit Juden besetzt, welche insgesamt wohl lebten und prächtige
Kleider trugen!

Die Klage des Magistrats blieb nicht ohne Wirkung. Zunächst wurden zwar, als der Lübecker Fürstbischof Friedrich
August die vormundschaftliche Regierung übernahm, die Privilegien des Hofjuden Samson Levin, das Hof- und Kammeragenten
Aaron Samson Levin und des Schutzjuden Levin Joachim Cohen
am 11. Dez. 1765 erneuert.[1] Im Jahre darauf, am 18. März
1766, wurde dem Schutzjuden Cohen auf dessen Bitte sogar
gestattet, ein Haus anzukaufen. Aber es wurde doch schon die
Bedingung daran geknüpft, dass Cohen seine Gerichtsbarkeit
unter dem Stadtmagistrat haben und in vorkommenden Fällen
den Verfügungen des Polizeigerichts folge leisten müsse.[2] Am
19. Juni erfolgte sodann die Aufforderung an den Magistrat,
umgehend anzuzeigen, wieviel Juden in Kiel eigentlich ansässig
wären, aus wieviel Personen sie beständen und welche Freiheiten
sie genössen, ob fremde Juden sich in der Stadt aufhielten und
wieviel Schutzgeld sie bezahlten.[3] Der Ausführung dieses Be-
fehles durch den Magistrat verdanken wir eine genaue Beschreibung
der jüdischen Haushaltungen, die uns den Bestand der Judenschaft aufs genaueste kennen lernen lässt. Nach dem am 3. Juli
1766 aufgenommenen Protokoll[4] und einer nachträglichen Er-
gänzung[5] desselben wohnten damals in Kiel:

1) S a m s o n L e v i n senior, seine Frau: Golde Samsons,
geborene Aaron. Er ist seit 1728 in Kiel als Hofjude,
geniesst die freie Handlung nebst seinem ältesten Sohn
Aaron Samson Levin und seinem Schwiegersohne Levin
Joachim Cohen laut Concession v. 24. Mai 1749. Fremde
Juden halten sich bei ihm nur zum Gottesdienste.auf. Steuer
an die Kammer zahlt er nicht, weil er Hofjude ist.

---

[1] Abschriftlich in St. A. zu Kiel J III, 1 nr. 32.
[2] St. A. zu Kiel J III, 1 nr. 8. Für die Gewährung zahlte Cohen
100 Rthlr. an die Wittwen- und Waisenkasse. Er hatte sich selbst dazu an-
geboten.
[3] St. A. zu Kiel J III, 1 nr. 9.
[4] St. A. zu Kiel J III, 1 nr. 11.
[5] St. A. zu Kiel J III, 1 nr. 10 a.

2) Der Hof- und Kammeragent A a r o n S a m s o n L e v i n, seine Frau: Rahel Gottschalken. Sie haben sechs Kinder: Moses Aaron Samson, 13 Jahre alt; Rahel Samsons, 10 J. alt; Liebchen Samsons, 8 J. alt; Rosette Samsons im siebenten Jahre, Joseph Samsons im sechsten Jahre, Sara Samsons im dritten Jahre. Betreffs der Handlungsfreiheit bezieht sich der Agent auf das Privileg von 1749. Als Domestiquen befinden sich in seinem Hause: eine Köchin, Namens Reisge; ein Informator der Kinder, Namens Joachim; ein Kindermädchen Rahel. Er hält auch eine Französin, welche eine Christin ist, die Dumeny, und ein christliches Hausmädchen, Namens Kahlen. Von Abgaben ist Aaron ebenso, wie sein Vater frei. Fremde Juden kommen auch zu ihm nur zur Zeit des Gottesdienstes.

3) Der Schutzjude L e v i n J o a c h i m C o h e n, seine Frau: Susanna Samsons, Tochter des alten Samson. Sie haben nur einen Sohn: David Levin Cohen, 17 Jahre alt. Als Domestiquen halten sie: ein Mädchen Frommet: einen Informator, Namens Aaron, der zugleich für sich und die übrigen Juden schächtet, 36 Jahre alt: einen Bedienten Isaac im 17ten Jahre. Wegen der fremden Juden befragt, äussert er sich ebenso, wie die andern. Als Steuer zahlt er jährlich 8 Rthlr. an die Kammer, auch hat er erst jüngst 100 Rthlr. an die Wittwenkasse für die Concession zum Ankauf eines eigenen Hauses bezahlt.

4) Die Wittwe H a n n a M e y e r n, in Verwaltung des Geschäfts und Privilegs ihres verstorbenen Mannes: Isaac Meyer. Aus des letzteren erster Ehe mit Hindge (Hindje) Isaac, der Haushälterin Musaphias, sind vorhanden: ein Sohn, Meyer Isaac im sechsten Jahre, und eine Tochter, Lea Meyern im fünften Jahre. Aus der zweiten Ehe mit Hanna stammt eine Tochter Freida, ein Jahr alt. Als Domestiquen befinden sich bei der Wittwe: ein Informator Namens Abraham; eine jüdische Köchin und eine christliche Kindermagd. Der verstorbene Meyer hat an die Kammerkasse jährlich 8 Rthlr. gezahlt. Zu seinen Lebzeiten hätten sich zwar fremde Juden zuweilen im Hause aufgehalten, die mit Waaren auf das Land gingen. Seit ihrem Wittwenstande habe aber solches aufgehört.

5) Der Hofjude J o s e p h S a m s o n L e v i n, seine Frau: Brendel Kochenheymern. Sie haben einen Sohn, Levin Joseph Samson, der erst ein Jahr alt ist. Josephs Bestellung datiert v. 29. Juli 1763. Steuern entrichtet er nicht. Als Domestiquen halten sich bei ihm auf: ein Mädchen, Rosette Levin, und eine christliche Kinderfrau. Über die fremden Juden lautet seine Aussage, wie die der übrigen.

6) Der Kirchenbediente der Juden, D a n i e l J a c o b, seine Frau: Rosetta Daniels. Sie haben zwei Töchter: Malcha, 6 Jahre alt, und Schönchen, drei Jahre alt. Wenn er keinen Dienst beim Gottesdienste hat, unterrichtet er die Leute auf dem Lande in Preetz und auf den adligen Gütern im Schönfärben.

Es sind dies sechs Haushaltungen, sämtlich mit Ausnahme der letzten mit Privilegien versehen: im ganzen 37 Köpfe, darunter drei im Dienst befindliche Christen. Von den Domestiquen seien besonders hervorgehoben die drei Lehrer »Informatoren« genannt, von denen der eine zugleich Schächter ist, und die bei dem Hofagenten zur Erziehung seiner Kinder befindliche Französin Dumeny. Der Umstand, dass jede der drei mit Kindern gesegneten Familien einen Lehrer hält [1], sowie dass der Hofagent seine Kinder in der französischen Sprache unterrichten lässt, wirft ein bedeutsames Licht auf die Bildungsbeflissenheit der Samsonschen Familien. Auch der in Schönfärben unterrichtende Daniel Jacob sei noch besonders erwähnt. Der im Brauen und Destillieren kunstverständige Rendsburger Jude befand sich 1766 nicht mehr in Kiel.

Das über die Juden aufgenommene Protokoll legte der Magistrat seinem Berichte an die Regierung bei und betonte noch besonders, dass seitens der Stadt keinem Juden die geringste Freiheit erteilt worden sei. Die Privilegien hätte die Judenschaft sämtlich von der Landesregierung erhalten. Schutzgeld sei von ihnen an die Stadt bisher überhaupt nicht gezahlt worden. [2] Die

---

[1] Zum Teil allerdings ist die Lehrthätigkeit auch auf den Umstand zurückzuführen, dass die Stellung als Lehrer eine Art Berechtigung zum Aufenthalte gab.

[2] Concept v. 4. Juli 1766, abgesandt am 5. Juli: St. A. zu Kiel J III, 1 nr. 10.

Antwort des Geh. Regierungsconseils war die Verfügung vom 5.
Sept. 1766 und der öffentliche Anschlag vom 12. desselben Mo-
nats, welche den bisherigen Zuständen ein Ende machten. Es
sollte in Zukunft niemals mehr als Eine Familie in Kiel geduldet
werden und fremden Juden ausser zum Umschlage und zum
Markte ein Aufenthalt von mehr als 24 Stunden selbst zum Zwecke
des Gottesdienstes verboten sein. Von den bisherigen Familien
sei die Samsonsche [1] als eine einzige zu betrachten, die anderen
Juden hätten die Stadt sofort zu verlassen. Für die Domestiquen
sei jährlich 2 Rthlr. pro Kopf zu zahlen und Cohen, der Schwiegersohn Samsons, sollte nicht nur 8 Rthlr. an die grossfürstliche
Kammer, sondern auch an die Stadt entrichten. Die Recognition
der Fremden für den eintägigen Aufenthalt wurde auf 16 Schillinge festgesetzt. Die Verordnung ist wichtig genug, um hier im
Wortlaut [2] folgen zu dürfen:

Von Gottes Gnaden Paul Petrowitz, Kaiserl. Cron-Prinz,
Thron-Folger und Gross-Fürst aller Reussen, Erbe zu Norwegen,
Herzog zu Schleswig-Hollstein, Stormarn und der Dithmarschen,
Graf zu Oldenburg und Dellmenhorst etc.

Ehrsame, Weise, liebe Getreue.

Demnach Wir die Allerhöchste Entschliessung gefasset, dass
die Anzahl der hiesigen Juden so genau als möglich eingeschränket
und dem weiteren Eindringen derselben Wandel geschaffen werden
soll, und solchem nach festgesetzet haben, dass in Zukunft niemals
mehr als eine Juden-Familie hieselbst zu dulden, dass aber der
Hof- und Cammer-Agent Aaron Samson Levin mit seinen Eltern,
Kindern und seinem Bruder, dem Hof-Juden Joseph Samson mit
seiner Familie als eine einzige Familie zu betrachten sey: Als
lassen Wir euch solches unverhalten seyn.

Und da anbenebst, was den Schutz-Juden Cohen betrift,
Unser allergnädigster Wille ist, dass derselbe angehalten werden
soll, eben so viel Recognition an die Stadt-Casse zu bezahlen,
als er an Unsere Grossfürstliche Cammer-Casse zu entrichten hat,
desgleichen auch zu der intendirten Einschränkung der hiesigen
Juden-Genossenschaft besonders zu verfügen allergnädigst für gut
finden, dass die Juden-Familien für jeden Domestiquen jüdischer
Nation, welchen sie im Dienst haben, alljährlich zwey Reichsthaler

---

[1] Es sind vier Haushaltungen: s. das Protokoll v. 3. Juli.
[2] Die Urk. v. 6. Sept. als Original im St. A. zu Kiel J III, 1 nr. 12.
Das Druckplakat v. 12. Sept. ebendaselbst: J III, 1 nr. 13.

als ein Kopf-Geld an die Stadt-Casse bezahlen sollen: so geben Wir euch solches zu eurer Nachachtung und weitern desfalls zu machenden Verfügung hiedurch in Gnaden zu erkennen.

Gleichergestalt ist auch zu Erreichung Unserer hierinn mehr-berührten Absicht Unserem Canzley-Rath und Policey-Meister Reyher anbefohlen worden, sorgfältigst dahin zu sehen, dass keine fremde Juden, unter welchem Vorwande es auch seyn möge, den Umschlag und die Marktzeiten ausgenommen, länger als vierundzwanzig Stunden allhier geduldet werden, und dass ein jeder Jude für diese 24 Stunden, welche er sich hier aufzuhalten gedenket, eine Recog-nition von sechzehn Schilling an die Policey-Casse bezahlen, so auch ebenfalls kein fremder Jude unter dem Vorwand, den Gottes-dienst abzuwarten, ohne Erlegung solcher Recognition, geduldet werden solle.

Aus diesem allen habet ihr Unsere wegen der Judenschaft hieselbst hegende Willens-Meinung zu erkennen, und Wir verbleiben im übrigen euch mit Grossfürstlichen Gnaden gewogen. Geben in Unserm Geheimen Conseil auf dem Schlosse zu Kiel den 5. September 1766.

Ad Mandatum Ihro Russisch-Kaiserl. Mayestät in obhaben-der Vormundschaft etc.

F. August.

G. C. Wolff. C. v. Saldern. D. Ph. Frh. v. Pechlin. E. W. Prangen.

Rescript an den Magistrat hieselbst in Betref der hiesigen Juden-Genossenschaft.

[Adresse:] Denen Ehrsamen, Weisen Unsern lieben Getreuen, Bürgermeister und Rath der Stadt Kiel.

praesent: d. 3. 8 br. 1766 hora 11 post meridiem. prod.: Kiel in Curia den 6ten Octbr. 1766.

Von Gottes Gnaden, Wir Paul Petrowitz Kayserl. Cron-Prinz, Trohnfolger und Gross-Fürst aller Reussen, Erbe zu Norwegen, Herzog zu Schleswig, Hollstein, Stormarn und der Dithmarschen, Graf zu Oldenburg und Dellmenhorst etc.

Fügen hiemit zu wissen: wasmassen Wir die Allerhöchste Entschliessung gefasset, dass die Anzahl der hiesigen Juden so genau als möglich eingeschränket und dem weitern Eindringen derselben Wandel geschaffet werden solle, und solchemnach fest-gesetzet haben, dass in Zukunft niemahls mehr als eine Juden-Familie hieselbst zu dulden sey, worüber und aus welchen Per-sohnen selbige fürs gegenwärtige bestehen soll, Wir Unsere Aller-höchste Willens-Meynung Unserem Stadt-Magistrat hieselbst zu eröffnen huldreichst geruht haben.

Wie Wir nun zu Erreichung Unserer vorberührten Absicht zu verordnen Uns bewogen finden, dass keine fremde Juden, unter welchem Vorwande es auch seyn möge, auch nicht unter dem Vorwande, den Gottesdienst allhier abzuwarten, den Umschlag und die Marktzeiten ausgenommen, länger als vierundzwanzig Stunden allhier geduldet werden und dass ein jeder Jude für diese vierundzwanzig Stunden, welche er sich hier aufzuhalten gedenket, eine Recognition von sechszehn Schilling an die Policey-Casse jedesmahl entrichten solle, so auch dass für jeden Domestiquen jüdischer Nation, welchen die hieselbst tolerirte Juden-Familie im Dienst haben wird, alljährlich zwey Reichsthaler als ein Kopf-Geld an die hiesige Stadt-Casse bezahlet werden sollen.

So lassen wir solches hiedurch öffentlich bekannt machen und haben Wir sowohl Unserm Stadt-Magistrat allhier, als auch Unserem Policey-Meister hieselbst, dem Canzeley-Rath Reyher, anbefohlen, das behufige solcherhalben wahrzunehmen und sorgfältigst dahin zu sehen, dass diese Unsere Allerhöchste auf die Einschränkung der hiesigen Juden-Genossenschaft abzielende Absicht zur Erfüllung gebracht werde.

Urkundlich unter Unserm vorgedruckten Geheimen Conseil Insiegel. Gegeben auf dem Schlosse zu Kiel den 12. Sept 1766. Ad Mandatum Ihro Russisch-Kayserl. Majestät etc. in obhabender Vormundschaft

F r i e d e r i c h A u g u s t.

M. F. v. Holmer. G. C. Wolff. C. v. Saldern.

D. Ph. Frh. v. Pechlin. E. W. Prangen.

Die Familie Samson selbst war durch das neue Gesetz nicht berührt worden, nur die weitere Niederlassung von Juden wurde gehemmt. Auch zu dem Gottesdienste der Feiertage war eine grössere Versammlung nicht mehr möglich. Doch mochte dies die Judenschaft der Zukunft überlassen. Jetzt suchte sie bei der Regierung nur für die Fremden noch eine Begünstigung zu erlangen, dass es diesen bei Krankheiten und anderen wichtigen Anlässen gestattet sein möge, länger als einen Tag in der Stadt zu bleiben. Die Regierung gab hierin nach. Ein neues Dekret[1] vom 14. October schärfte noch ein Mal die jüngst erlassene Verfügung ein, befreite aber die wegen Krankheit in Kiel zurückbleibenden Juden von der sofortigen Ausweisung und sonstigen Strafe. Auch den Juden, welche die Jahrmärkte besuchen, sollte gestattet sein, zwei Tage über den Schluss des Marktes hinaus

[1] St. A. zu Kiel J III, 1 nr. 14.

zur Abwicklung ihrer Geschäfte in der Stadt zu weilen, doch müsste jedes Mal für 24 Std. die Recognition gezahlt werden. Der Witwe Meyer, welche von Kiel fortziehen musste, sollte gestattet sein, noch einen Monat ohne Abgabe sich in Kiel aufzuhalten.

Von Gottes Gnaden Paul Petrowitz, Kaiserl. Cron-Prinz, Thron-Folger und Gross-Fürst aller Reussen, Erbe zu Norwegen, Herzog zu Schleswig, Holstein, Stormarn und der Dithmarschen, Graf zu Oldenburg und Delmenhorst etc.

Ehrsame Weise, liebe Getreue.

Wir fügen euch hiedurch in Gnaden zu wissen, wasgestalten Uns die voritzo sich hieselbst aufhaltende Juden-Genossen allerunterthänigst supplicando angelanget, Wir geruhen möchten, die von Uns jüngsthin wegen der fremden Juden abgegebene Allerhöchste Verordnung respective zu extendiren und zu restringiren, nachdemmahlen verschiedene Fälle als Krankheiten und andere Umstände vorkommen könnten, da sothaner Unserer Verordnung nicht allezeit die gebührende Folge zu leisten stünde.

Wann Wir nun zwar in alle Wege es bey der der Juden halber an euch ergangenen Verfügung bewenden und euch nochmals angewiesen seyn lassen, dass ihr sorgfältig dahin sehet, dass sothaner Unserer Allerhöchsten Verfügung auf das genaueste nachgelebet werde: so gehet jedennoch in Ansehung derjenigen Juden, die sich hieselbst über die ihnen verstattete Frist aufhalten werden, Unsere allerhöchste Absicht dahin, dass in so ferne einer derselben durch eine schwere Krankheit oder anderweitige dringende Ursachen behindert würde, sich binnen der ihm vorgeschriebenen Zeit von hier wegzubegeben, derselbe auf dem Fall, dass er solche ihm zugestossene Hindernisse rechtlich und glaubwürdig darthun könnte, von der darauf gesetzten Strafe nach Bewandnis der Umstände liberiret werden, desgleichen, dass auch diejenigen Juden, die nach geendigten Jahrmarkt ihrer Geschäfte wegen hieselbst annoch etwas zu verweilen sich genothdrungen sehen, zwey Tage allhier verbleiben können, jedoch dass in allen dergleichen Fällen die einmal festgesetzte Recognition alle 24 Stunden bezahlet werde. Und wie ihr demnach in vorkommenden Fällen euch solches zur schuldigsten Nachachtung dienen lassen werdet, also unverhalten Wir euch annoch in Ansehung der hieselbst sich aufhaltenden Juden-Wittwe Meyern, das derselben ex speciali gratia verstattet seyn solle, zur Regulirung ihrer Umstände sich hieselbst vier Wochen nach Empfang dieses aufhalten, ohne eine Recognition zu erlegen, jedoch dass nach deren Verlauf sie sich ohnfehlbar von hier wegzubegeben habe. Und Wir verbleiben euch übrigens mit Gnaden gewogen. Geben in Unsern Geheimen Conseil auf dem Schlosse zu Kiel den 14. October 1766.

Ad Mandatum Ihro Russisch-Kaiserl. Mayestät in obhabender Vormundschaft etc.

F. August.

G. C. Wolff. C. v. Saldern. D. Ph. Frh. v. Pechlin. F. W. Prangen.

Rescript an Bürgermeister und Rat hieselbst wegen der fremden Juden.

[Adresse:] Denen Ehrsamen, Weisen, Unsern lieben Getreuen Bürgermeister und Rath der Stadt Kiel.

Die Familie Samson konnte im Vorstehenden einen Erfolg ihrer Bitte und eine Erleichterung erblicken, der noch andere folgen würden. Es wäre ja nicht zum ersten Male geschehen, dass Beschlüsse zurückgenommen wurden. Dieses Mal aber blieb die Regierung fest bei ihrem Vorhaben. In der 1768 errichteten Polizeiordnung ging sie sogar noch einen Schritt weiter und wandte sich gegen die in Kiel privilegierten Juden selbst. Unter Wiederholung der früheren scharfen Bestimmungen setzte § 42 fest, dass selbst ein concessionierter Jude nur dasjenige Haus besitzen dürfe, welches er bewohne, und dass es bei Verlust der Hypothek verboten sei, einem Juden ein Haus zu verpfänden. Die beiden auf die Juden bezüglichen Paragraphen der Polizeiordnung bilden den Abschluss in der gegen die Juden gerichteten Gesetzgebung und sind um so wichtiger, als sie für die ganze nächste Zeit massgebend blieben. Während im anderen Holstein die Toleranz bereits manche Fessel der Juden gelöst hatte, herrschte im russischen grossfürstlichen Distrikt noch mittelalterliches Dunkel.

Extractus der sub dato Kiel den 29ten Jan. 1768 Allerhöchst emanirten Grossfürstlich-Schleswig-Holsteinischen Policey-Ordnung. [1]

§ 42.

Da seit einiger Zeit misfällig von Uns bemercket worden, dass die Anzahl derer in Unsern Landen sich aufhaltenden Juden ansehnlich vermehret worden und izt hin und wieder sich ganze

---

[1] St. A. zu Schleswig, Acta A XVIII, nr. 4260, Normativa betr. den ehemals grossfürstl. Distrikt Stadt Kiel, Kirchensachen, fremde Religionsverwandte: Juden.

Juden-Familien ohne Unsere Erlaubnis wohnhaft niedergelassen haben, solches aber nicht allein zum grössten Nachtheil Unserer commercirenden Unterthanen gereichet, sondern überhaupt auch zu allerhand Unordnungen die Gelegenheit giebt, so wollen und befehlen Wir hiedurch Allergnädigst, gleichwie auch solches bereits mittelst des von Uns unterm 12ten Sept. anno 1766. abgelassenen öffentlichen Patents geschehen, dass kein Jude, der nicht mit Unserm speciellen Privilegio und Concession begnadiget ist, sich hinführo auf beständig in Unsern Städten, Aemtern und Landschaften aufhalten und unter Benennung seiner Familie nur er selbst, seine Frau und seine Kinder und zwar diese solange verstanden werden sollen, bis sie erwachsen sind und ihre eigene Handthierung anfangen. Für einen jeden Bedienten jüdischer Nation, den ein solcher mittelst eines von Uns erhaltenen Privilegii tolerirter Jude in seinen Diensten haben will, soll derselbe alljährlich zween Reichsthaler Kopfgeld zu entrichten schuldig seyn.

Es sollen auch alle übrige bisher sich etwa eingeschlichene Juden, sowohl für ihre Person selbst, als mit ihren Familien ohne Unterschied innerhalb sechs Monathen a dato dieser Verordnung Unsere Lande bey Strafe der Confiscation ihrer sämtlichen Haabe und Güter meiden. Auch soll selbst ein mit Unserer Concession begnadigter Jude entweder gar kein Haus oder doch nach dem etwanigen Inhalt seines Privilegii nur dasjenige eigenthumlich besitzen, welches er bewohnet, daher auch die Verpfändung eines unbeweglichen Guths an einen Juden, unter welchem Vorwand es auch sey, bei Verlust der Hypothec verboten wird. Als nach welchem allen Unsere sämtlichen Obrigkeiten sich auf das genaueste zu richten und das weitere zu verfügen haben.

§ 43.

Denen gewisser Geschäfte und Angelegenheiten halber ausserhalb des Kieler Umschlags und anderer Jahrmärkte, die an einem jeden Orte gehalten werden, in Unsern Landen sich einfindenden und mit beglaubigten Zeugnissen versehenen Juden wird der Auffenthalt, so lange sie bescheinigen können, dass ihre Umstände es erheischen, unter Vorwissen der Obrigkeit eines jeden Orts und gegen Bezahlung des gewöhnlichen Schutzgeldes von sechszehn Schillingen für vierundzwanzig Stunden verstattet. Alle und jede kleinere Handlung treibende und auf den Kieler Umschlag und sonstige Jahrmärkte in denen Städten und Flecken herumziehende Juden müssen entweder richtige Pässe und Attestata des Orts, wo sie sonst wohnen, vorzeigen können oder ein an dem Ort, wo sie hinkommen, wohnender Schutzjude für sie haften wollen. Im Entstehungsfall sind sie als Landstreicher zu betrachten, mit denen nach dem Inhalt des § 21 und 22 zu verfahren ist.

Mit dem Verbot der Hausverpfändung war ein gewichtiger Schlag gegen den Geschäftskreis der Juden geführt, doch scheint davon nur der Schutzjude Levin Joachim Cohen betroffen worden zu sein. Ihm wurde vom Regierungsconseil eine Frist bis Umschlag 1770 bewilligt [1], binnen welcher Zeit er diejenigen Capitalien, für die ihm unbewegliche Güter verpfändet wären, kündigen und anderweitig belegen sollte. Zugleich gelangte an den Magistrat ' die Aufforderung, darauf zu sehen, dass in der genannten Frist [2] die Gelder dem Cohen ausgezahlt würden, und in Zukunft keine Hypotheken Cohens auf Kieler Häuser mehr einzutragen.

Weder Cohen, noch die drei Samsons thaten etwas gegen die Neuordnung der Dinge. Sie glaubten, bis zu der staatlichen Umgestaltung warten zu sollen, die seit dem 1767 zu Kopenhagen geschlossenen Vertrage bevorstand. Der grossfürstliche russische Anteil ward gegen Oldenburg und Delmenhorst an König Christian von Dänemark umgetauscht, Kiel wurde 1773 dänisch

Die dänischen Juden genossen ausgedehntere Freiheiten. Aber weder diese, noch die des übrigen Schleswig-Holstein wurden den Juden des ehemals grossfürstlichen Distrikts zu teil. Die auf den Wechsel der Herrschaft gesetzten Hoffnungen erfüllten sich nicht. Dem Hofjuden Samson Levin, sowie dessen Sohn dem Hof- und Kammeragenten Aaron Samson Levin und dessen Schwiegersohn, dem Schutzjuden Levin Joachim Cohen, wurden freilich die ihnen 1749 und 1765 erteilten Privilegien [3] am 28. April 1774 vom König Christian VII. anstandslos erneuert. [4] Das Gleiche geschah für den zweiten Sohn Samsons, den Hofjuden Joseph Samson

---

[1] St. A. zu Kiel J III, 1 nr. 15: 1768, Apr. 19.

[2] Für den Ratsbaumeister Hempel und den Bürger Weste wurde 1770, Jan. 2 u. 19 die Frist der Rückzahlung auf zwei weitere Jahre verlängert. Bei ersterem hatte Cohen auf dessen Haus in der Kettenstrasse 400 Rthlr. stehen, welche Hempel infolge des allgemeinen Geldmangels bei keinem anderen, als bei Cohen gegen landesübliche Zinsen hatte leihen können; bei Weste belief sich Cohens Hypothek auf 800 Rthlr.: St. A. zu Kiel J III, 1 nr. 16, 17, 18.

[3] Siehe oben, S. 7 f. u. 12.

[4] Abschriftlich im St. A. zu Kiel J III, 1 nr. 32: Urk., ausgestellt in der Residenz Christiansburg zu Kopenhagen.

Levin, bereits am 21. März.[1] Auch auf David Levin Cohen,[2] den Sohn des Schutzjuden Cohen, wurde die Concession am 15. Juni desselben Jahres ausgedehnt.[3] Im Übrigen aber blieb die russische Gesetzgebung für die nächsten Jahre in Kiel unverändert bestehen.

An Versuchen auf jüdischer Seite, die neuen Verordnungen zu beseitigen oder zu mildern, fehlte es nicht. Zunächst wandten sich am 14. Juni 1774 fünfzehn Altonaer Juden[4] mit einer Eingabe an den König. In allen Städten der beiden Herzogtümer, in denen Jahrmärkte abgehalten werden, sei es den Juden erlaubt, einige Tage vor und nach dem Markte daselbst zu bleiben, ohne eine besondere Abgabe dafür entrichten zu müssen. Nur in Kiel habe die Polizeiordnung neuerdings eine Beschränkung hierin eingeführt. Da der Markt am Freitag endige, könnten sie wegen des Sabbats und des darauf folgenden Sonntags die Stadt nicht verlassen und müssten bis Montag dort bleiben. Durch die hierfür verlangte ausserordentliche Abgabe würden besonders die armen Juden bedrückt, denen nach Abzug der Kosten und Zehrung nichts übrig bleibe. Von ihren Waaren entrichteten sie bereits Zoll, und die Stadt habe vom Aufenthalte der Juden keinen Schaden, im Gegenteil nur Nutzen, da sie ihr Logis theuer bezahlten und ihr Geld während des Aufenthaltes verzehrten. Sie bäten daher, dass in Zukunft den königlichen Schutzjuden erlaubt sein möchte, zu jeder Zeit ihres Handels wegen auch ausser der Marktzeit nach Kiel zu kommen, ohne eine besondere Aufenthaltssteuer zu leisten, oder dass doch wenigstens den zum

[1] Nach Angabe seiner Witwe Brunette Samson 1791, Nov. 22: St. A. zu Schleswig, Acta A XVIII, nr. 4261, Specialia betr. die Kieler Juden I, 1778—1797.

[2] Er war 1766 siebzehn Jahre alt: s. oben, S. 13 unter nr. 3.

[3] Erwähnt in der weiterhin besprochenen Eingabe des David Levin Cohen 1778, März 27.

[4] Es waren solche, die nach Kiel zu den Märkten kamen. Die eigenhändig unterzeichneten Namen sind Jacob Meyer und Sohn, Abraham Nathan, Salomon Moses, Salomon Nathan, Samson Jacob Hartig, Jacob Jacobsen, Mayer Isaac junior, Nathan Salomon, Hertz Moses, Moses Jacob Eschwege, Nathan Nathan, David Nathan Söhne, Magnus Israhel, Esaias Philipp Samuel, Salomon Israel.

Markte kommenden Juden frei stehen solle, sich in der Stadt drei Tage vor und drei Tage nach dem Markte zum Aus- und Ein-packen der Sachen und zur Ordnung ihrer Angelegenheiten aufzu-halten.

Der zur Begutachtung des Gesuches aufgeforderte Kieler Magistrat überliess es der allerhöchsten Entscheidung, in wieweit dem Antrage der Altonaer ganz oder zum Teil zu willfahren sei, nur solle man den fremden Juden nach wie vor alles Handeln ausser in der Marktzeit verbieten.[1] Entschiedener für die bishe-rigen Beschränkungen sprach sich das General-Landes- und Oeconomie-Verbesserungs-Direktorium zu Kiel aus.[2] Die russischen Verordnungen seien für die Stadt von sichtbarstem Nutzen, da der Aufenthalt der Juden dem ohnehin nicht sehr blühenden Handel Kiels nachteilig, für die öffentliche Sicherheit gefährlich und den die Universität besuchenden Studenten des möglichen Wuchers halber verderblich sei. Die Kanzlei in Kopenhagen schloss sich diesen Ausführungen nicht ohne weiteres an.[3] Es entging ihr nicht, dass die Altonaer Juden ebenso wie die Kieler Bevölkerung unter einem und demselben Landesherrn ständen, die Altonaer mithin nicht kurzweg als Fremde behandelt werden könnten. Jedenfalls schien ihr das Gesuch ‹viele Billigkeit für sich zu haben›. Erst als der Statthalter in Gottorf darauf hinwies[4], dass die Abgabe von 16 Schillingen für vermögende Juden doch nur geringfügig sei und gerade dazu diene, arme Juden von Kiel fernzuhalten, unter-drückte die Kanzlei ihr Bedenken. Dass man mit demselben Rechte auch auf arme Christen einen Leibzoll hätte legen müssen, übersah man. Am 14. März 1775 ward das Gesuch der Altonaer Juden endgültig abgewiesen.[5]

Auch die Kieler Juden selbst versuchten nunmehr einen An-sturm gegen die ihnen lästigen Paragraphen 42 und 43 der Poli-

[1] Bericht des Magistrats an das Generallandes-Direktorium: 1774, Juli 12.

[2] Bericht des Direktoriums an den König: 1774, Juli 16.

[3] Bericht der Kanzlei an den Statthalter in Gottorf: 1774, Oktober 4, Kopenhagen.

[4] Bericht des Statthalters an den König: 1775, Februar 18, Gottorf.

[5] Das Gesuch der Altonaer und die aufgelaufenen Akten in St. A. zu Schleswig, Acta A XVIII, nr. 4260, f. 1—24.

zeiordnung. In einer Beschwerde [1] vom 29. Dezember 1774
wiess die »sämtliche privilegirte Judenschaft«, d. h. Samson Levin,
seine beiden Söhne Aron und Joseph und sein Schwiegersohn
Cohen [2], darauf hin, dass es in keiner anderen Stadt des König-
reichs und der Herzogtümer einem Juden untersagt sei, ein eigenes
Haus zu besitzen und Hypotheken durch Verschreibungen an sich
zu bringen Es möchte daher auch ihnen gleich den Einwohnern
christlicher Nation« erlaubt sein, Häuser auf ihre Namen schreiben
zu lassen. ihre Folien im Schuld- und Pfandprotokoll zu haben
und Geld auf Hypotheken auszuleihen, sowie dies ihnen früher
frei gestanden habe. Auch das im § 43 angeordnete Aufenthaltsgeld
von 16 Schillingen für den Tag werde sonst in den königlichen
Landen nirgends erhoben. Sie ersuchten daher auch um dessen
Abschaffung. Dieses Mal war der Magistrat dem Gesuche der Juden
günstiger gestimmt [3]. Da den Supplikanten doch ein Mal der
Aufenthalt erlaubt sei, dürfte weder dem Gemeinwesen, noch dem
Rechte ein Nachteil erwachsen, wenn den Juden, von denen
übrigens Aron Samson Levin und Cohen bereits eigene Häuser
besässen, gestattet würde, ein oder mehrere Häuser anzukaufen
und darüber Folia im Schuldprotokoll zu haben, um so weniger,
als bei dem Fallen der Häuserpreise es nur erwünscht sein könnte,
wenn die Zahl der Käufer und Concurrenten sich vermehrten.
Das Gesetz, welches die Verpfändung eines Hauses an einen
Juden für ungültig erkläre, schade mehr den Einwohnern, die
auf ihre Häuser Geld von den Juden gehabt, als den Juden
selbst. Denn diese hätten mehr als eine Gelegenheit, ihr Geld
vorteilhaft anzubringen, die Christen aber könnten nur mit vieler
Mühe das nötige baare Geld gegen Verpfändung ihrer Immobilien
von anderen Christen erhalten. Die Abgabe der 16 Schillinge
bringe der Stadtkasse jährlich nicht mehr, als sechs bis acht Rthlr.,
doch sei diese Steuer zur Fernhaltung der Betteljuden nützlich.

---

[1] St. A. zu Schleswig, Acta A XVIII nr. 4260, f. 25 -27. Abschriftlich auch in St. A. zu Kiel J III, 1 nr. 19.

[2] David Levin Cohen hat nicht mitunterzeichnet.

[3] Bericht des Magistrats an den Statthalter 1775, Febr. 14: St. A. zu
Schleswig, Acta A XVIII, nr. 4260, f. 30 35, und als Concept im St. A.
zu Kiel J III, 1 nr. 19.

War demnach der Magistrat in der Hauptsache für das Gesuch, so stimmte der Statthalter in Gottorf wieder dagegen[1]. Die Folge war, dass auch diese Eingabe am 20. Mai 1775 abschlägig beschieden wurde[2].

Vereint hatte die Judenschaft nichts erreichen können. David Levin Cohen, der Sohn des Levin Joachim Cohen, ging daher selbstständig auf eigene Hand vor. Zunächst suchte er die Erlaubnis zu erhalten, in seinem Hause einen offenen Laden halten zu dürfen[3]. In ganz Dänemark, in Kopenhagen, Altona, Laland und anderen Städten sei dies den Juden erlaubt. Die Nahrung in Kiel werde immer schlechter, und er müsse fortziehen, wenn er nicht sein Geschäft durch einen offenen Laden heben könne. Für die Erlaubnis wolle er 100 Rthlr. an die Witwen- und Waisen-Casse oder an sonst eine Stiftung entrichten. Den Krämern werde damit kein Schaden zugefügt, da sein Haus in einer Gegend liege, wo ausser im Umschlag nur wenig Verkehr sei. Der Magistrat sprach sich in seinem Berichte v. 3. Nov. 1778 dagegen aus; nur den Mitgliedern der Krämercompagnie sei laut deren Privilegien erlaubt, ausserhalb des Umschlages einen offenen Laden zu halten. Auch die Kanzlei in Kopenhagen schloss sich dem an: es sei noch dazu dem Juden Cohen in der Concession ausdrücklich die Haltung eines offenen Ladens untersagt worden. So war es denn natürlich, dass der schliessliche Bescheid[4] wieder ablehnend lautete.

Anderthalb Jahre sah David Cohen dem Untergange seines Geschäftes zu, dann suchte er sich neuen industriellen Aufgaben zu widmen. In dem Kopfe dieses Juden schlummerte ein reger, geschäftlicher Geist, der nur der Entfaltung bedurfte, um segensreich für Stadt und Land zu wirken. Eine Seifensiederei und Siegellackfabrik wollte er in Kiel errichten. Hierzu erbat er sich des Königs Protektion. Da er allein die nötigen Capitalien nicht

---

[1] Bericht des Statthalters an den König: 1775, Februar 22, Gottorf.

[2] Die Akten im St. A. zu Schleswig, a. a. O., f. 25—38. Der Bescheid der Kanzlei in beglaubigter Abschrift auch im St. A. Kiel J III 1, nr. 20.

[3] Das Gesuch v. 27. März 1778, wiederholt am 29. Sept., und die darauf bezüglichen Akten: im St. A. zu Schleswig, Acta A XVIII, nr. 4261, 1 f. 1—11, einiges auch im St. A zu Kiel J III 1, nr. 22.

[4] 1778, Nov. 28, Kopenhagen.

besass, beabsichtigte er, sich mit seinen beiden Oheimen Abraham
Joachim und David Joachim Cohen in Hamburg zu einer Gesellschaft zu vereinigen, vorausgesetzt, dass es diesen gestattet würde,
sich in Kiel mit ihren Familien niederzulassen, und auch die
Nachkommen das Recht erhielten, den Betrieb der Fabriken un-
gehindert fortzusetzen. Selbstverständlich brauchten sie auch dazu
die Erlaubnis, die notwendigen Lokalitäten zum Geschäfte und
zur Wohnung erwerben zu dürfen. Am 18. April 1780 stellte
er dies alles in einem Gesuche [1] dem Könige vor und bat zugleich,
im abschlägigen Falle ihm wenigstens zu gestatten, sein Haus an
einen Glaubensgenossen derart zu verkaufen, dass dieser in sein
Privilegium eintrete. Es selbst könne, wenn ihm die Erlaubnis
zur Errichtung einer Fabrik verweigert werde, in Kiel nicht bleiben,
da er mit seinem bisherigen beschränkten Geschäfte dem Ruin
entgegen gehe. Aus diesem Grunde möchte ihm auch der König
den Abzugspfennig erlassen.

Allerdurchlauchtigster, Grossmächtigster König, Allergnädigster
Erb-König und Herr.

Ew. Königl. Maiestät landesväterliche Vorsorge für das
Aufnehmen und Wol Ihro Königsreiche und Lande, besonders
der Herzogthümer Schleswig und Hollstein und in diesen vorzüglich der Stadt Kiel muss einen jeden Allerhöchst deroselben ge-
treuesten Unterthanen beleben und anreizen, das Seinige, so viel
möglich, schuldigstermaassen mit dazu beizutragen, dass diese aller-
huldreichste Absicht desto eher befördert und dadurch die allgemeine Glückseligkeit auf das Ganze immer mehr und mehr
verbreitet werde.

Aus dieser Ursache habe ich den Vorsaz gefasset, allhie
nicht nur eine Seiffensiederei, sondern auch eine Siegellackfabrike
zu errichten: indem, durch diese beiden Bedürfnisse, fürnemlich
durch die Seiffe, nicht allein grosse Summen Geldes aus dem
Lande gehen, sondern auch dieselben von den Auswärtigen, die
sie zu Kaufe haben und hierher bringen, sehr im Preise gehalten
werden, worunter vor allen andern der geringe Nahrungsstand am
meisten leidet. Verfolglich ist es augenscheinlich, dass, wenn sowol
die Seife hier im Lande gesotten, als auch das Siegellack hieselbst
gemacht werden kann, dadurch ein ausserordentlicher Vorteil für
Ew. Königl. Maiestät Unterthanen entstehen, ja wol gar mit der
Zeit erstere auswertshin verdebitiret und Geld herein gezogen
werden wurde. Da meine Intention nicht ist, hiezu entweder

[1] St. A. zu Schleswig, Acta A XVIII, nr. 4260, f. 39—42.

einen Vorschuss alleruntertänigst zu erbitten oder ein besonderes Privilegium solcherhalben zu impetriren und ein landverderbliches Monopolium zu treiben, so wünsche ich nichts weiter, als nur auf eine andere Art dabei allerhöchst unterstützet zu werden, die Niemanden zum Nachteile gereichen kann und welche die Anlegung einer Fabriken, bewandten Umständen nach, durchaus nothwendig macht. Ich besitze nemlich, Allergnädigster Erbkönig und Herr, teils nicht selbst so viele Mittel, dass ich sotanes Werk allein unternehmen, in den gehörigen Stand setzen und mit Nachdruck und gutem Erfolg kontinuiren kann, teils dürfte es mir ohne Allerhöchstderoselben besondere allergnädigste Protektion und Erlaubniss erschweret werden, die dazu gehörigen Anstalten vorzukehren und die dazu benötigten Gebäude anzulegen oder zu erkaufen. Um das erste Hinderniss zu heben, sind meine beiden Vaterbrüder, Abraham Joachem und David Joachem[1] Kohen in Hamburg, gesonnen, mit mir in Kompagnie zu treten und das Ihrige dazu mit herzuschiessen, wenn es ihnen verstattet werden wird, sich alhie mit ihren Familien zu etabliren und ansässig zu machen, auch letzteren und deren Nachkommen nebst meinen Kindern und deren weiteren Abstämmlingen, die anzulegende Seifensiederei und Siegellackfabrike ohngehindert fortzusetzen. Und um die letztberegte Unternehmungen zu erleichtern, würden Ew. Königl. Maiestät Sich allermildest bewegen zu lassen geruhen, vorbesagten meinen Vaterbrüdern und mir die allerhöchste Freiheit zu erteilen, uns, wo wir könnten und es die Nothdurft und Bequemlichkeit erforderte, Häuser, Gebäude und Pläze sowol zur Wohnung, als auch zur Anrichtung jener Wesen zu erstehen und eigentümlich an uns zu bringen, ohne dass uns desfals etwas, es sei von wem es wolle, in den Weg geleget werde. Hiedurch würden überdem zwo sehr bemittelte Familien mit ihren mehresten Gütern ins Land gezogen, ich aber von meinem Vorhaben, wegzuziehen, weil ich mich hier sonst nicht länger ohne alles, was ich noch übrig habe, vollends zuzusezen, zu souteniren im Stande bin, abgehalten werden, als wozu ich eventualiter bereits die erforderlichen Anstalten vorgekehret habe. Ja, ich und mehrbemeldete meine beiden Vaterbrüder verhoffen, Allerhöchstdenenselben noch dazu vorhero, ehe wir oft gedachte Fabriken zu errichten den Anfang machen, sowol von der Güte der zu siedenden Seife, als auch des zu verfertigenden Siegellacks, solche obrigkeitliche und andere Beweise darzulegen,[2] dass an dem guten Fortgange der intendirten Entreprise kein Zweifel übrig bleiben wird.

---

[1] So, Joachem, hier, wie auch meistens in den Akten.

[2] Eine Woche nach Einreichung des Gesuches, am 25. April, übersandte Cohen der deutschen Kanzlei zu Kopenhagen eine Probe des von ihm in Kiel zum Versuche verfertigten Siegellacks.

Indem ich nun obiges alles Ew. Königl. Maiestät hiedurch allersubmissest vorzustellen mir die ehrfurchtsvolleste Erlaubniss nehme, so bitte ich allertiefniedrigst, allerhuldreichst zu verstatten nicht allein, dass ich nebst meinen Vaterbrüdern, Abraham Joachem und David Joachem Kohen in Hamburg, alhie eine Seifensiederei und Siegellackfabrik anlegen und mit ihnen solcherhalben in Gesellschaft treten könne, sondern auch mir und ihnen die allerhöchste Koncession zu erteilen, dass letztere sich hieselbst mit ihren Familien niederlassen und sowol zu solchem Behuf, als zur Errichtung jener Werke erforderlichen Falls Wohnungen, Häuser und sonstige Pläze ohne irgend Jemands Widerspruch nach Bedürfniss und Bequemlichkeit, an welchem Orte in und ausserhalb der Stadt Kiel ich und sie wollen, ankaufen und samt der Seifensiederei und Siegellackfabrike für sich, meine und ihre Erben und künftige Nachkömmlinge eigentümlich besitzen und behalten mögen.

Sollte es aber Ew. Königl. Maiestät nicht allerhöchst gefallen, mir und ihnen obige Freiheit Allergnädigst zuzustehen, so wage ich es, da ich solchergestalt von hier ziehen muss, Allerhöchstdenenselben annoch folgendes allertiefniedrigst vorstellig zu machen.

Mein verstorbener Vater hat nicht allein für sein auf ihn selbst gerichtetes, sondern auch für das . nachher auf mich extendirtes Privilegium und für den Ankauf eines eigenen Hauses hieselbst ansehnliche Summen erlegen müssen. Und er sowol als ich haben besonders in den letzten Jahren, da der Verdienst merklich abgenommen, von dem Unserigen einen ziemlichen Teil, ja ich, für meine Person, so viel zugesetzet, dass ich schlechterdings ruiniret werden würde, wenn ich länger im Lande bleiben wollte. Um nun diesen und den sich überdem sowol aus dem gegenwärtigen Verkauf jenes Hauses ereignenden als auch fürnehmlich durch meinen Abzug von hier entstehenden Verlust nicht noch mehr zu vergrössern, wünschte ich allersubmissest, teils dass ich mein Haus ebenfals einem meiner Glaubensgenossen eigentümlich überlassen und derselbe sodann wiederum in mein- Privilegium treten dürfte, teils dass Ew. Königl. Maiestät sich durch obige wahrhafte Umstände bewogen allermildest entschliessen wollten, mich, da ich ohnehin an die hiesige Stadtkämmerei und den Rath decimiren muss, von dem Allerhöchstdenenselben beikommenden Abzugspfennige aus Königl. Hulde zu befreien.

Und da ich dieses allerdemüttigst verhoffen zu können mich schmeichle, auch die mir darüber zu erteilende clementissimam resolutionem, da ich zum eventuellen Verkaufe meines Hauses den 9. Mai bestimmt und schon öffentlich bekannt gemacht, des allerfordersamsten zu erhalten wünsche, so gelanget an Ew. Königl. Maiestät meine alleruntertänigste Bitte, es nicht nur allergnädigst zu koncediren, dass ich mein hiesiges Haus ebenfals an einen meiner Glaubensgenossen, in so ferne derselbe auf sein Ansuchen mit dem mir bisher verstattet gewesenen Privilegium wiederum begnadigt werden wird, möge verkaufen können, sondern mir auch den Allerhöchstdenenselben zu Ihro Anteile zu erlegenden Abschoss allermildest zu erlassen.

Ich ersterbe in Erwartung einer baldigen allerhöchsten Entschliessung in der allertiefschuldigsten Devotion und Unterwürfigkeit

Ew. Königl. Maiestät
alleruntertenigster Knecht
David Levin C o h e n.

Supplicatum.   Kiel, den 18ten April 1780.

[Adresse]. An Ihro Königl. Maiestät zu Dännemark, Norwegen Alleruntertänigste Vorstellung und Bitte mein, des Kielischen Schuzjudens David Levin Kohen: um die inwendig allersubmissest nachgesuchte Erlaubniss zur Anlegung einer Seifensiederei und einer Siegellackfabrike, eventualiter um allergnädigste Koncession zu dem daselbst gedachten Verkaufe meines Hauses, wie auch um Befreiung a decimis, ut intus.

Das Gesuch [1] ging an das Kgl. General-Landes-Oeconomie- und Commerz-Collegium zu Kopenhagen und von diesem an den Magistrat zu Kiel zur Berichterstattung. Am 14. Juli 1780 gab letzterer sein Urteil ab: Wohl sei nach den Verordnungen der Jahre 1766 und 1768 eine abschlägige Resolution notwendig, allein, da 1) nach der Erfahrung und den Grundsätzen der bewährtesten Lehrer der Staatskunst die Zulassung der Juden, sobald nur hierunter die gehörige Masse und Einschränkung beobachtet wird, nicht schädlich, sondern zuträglich ist, 2) an einem Orte, welcher durch Handel und Wandel blühen soll, das Dasein der Juden in mehr denn einer Hinsicht fast notwendig ist [2], 3) die Entreprise des Supplicanten, dass er eine Seifensiederei und Lackfabrike hierselbst etabliren will, da dergleichen Anlagen hierselbst noch nicht vorhanden sind, sehr gemeinnützig ist und daher alle Unterstützung verdienet, 4) diese Absicht aber nicht erreichet wer-

---

[1] Die Akten über dieses Gesuch und das zweite v. 29. Juli im St. A. zu Schleswig, a. a. O., f. 43—60.
[2] Man vergleiche hiermit das Urteil des Kieler Oeconomie-Verbesserungs-Direktoriums v. 16. Juli 1774: oben S. 23.

den kann, wenn nicht dem Supplicanten zum Ankauf der nötigen
Gebäude die erforderliche Concession erteilet wird«, so könne im
vorliegenden Falle eine Ausnahme gemacht werden, doch müssten
die Supplicanten ausser der Contribution für den Ankauf der Immobilien auch noch die jährliche Recognition und die Kopfsteuer
für ihre Bedienten bezahlen, wie dies David Levin Cohen bisher
gethan habe.

Da dieses Gutachten im geschäftsmässigen Gange nach Kopenhagen abgesandt wurde, blieb Cohen ohne Bescheid. Er mochte
glauben, dass seinem Gesuche dasselbe Schicksal wie den früheren
Petitionen zu teil werden würde. Um daher sicher zu gehen, reiste
er selbst nach Kopenhagen und reichte von dort am 29. Juli ein
neues Gesuch[1] an den König ein. Zeigt schon das erste ein
aussergewöhnliches, merkantiles Streben, so offenbart dieses zweite
derart weitblickende Anschauungen, dass wir mit staunender Be-
wunderung auf diesen Kieler Juden blicken, der weit über seine
Umgebung hervorragt. Klugen Geistes erschaut er die zukünftige
Bedeutung Kiels und erspäht mit Scharfblick die Schäden, an denen
die Entwicklung der Stadt krankt. Im Mittelpunkte des Landes,
am vortrefflichsten Seehafen, in der Nähe des eben gegrabenen
Schleswig-Holsteinischen Kanals gelegen, habe Kiel eine glänzende
Zukunft und könne, von Natur und Kunst begünstigt, der erste
Seehandlungsplatz Europas werden. Dahin könne es aber nur
dann kommen, wenn es vom Geiste des Handels beseelt werde.
Aus den Krämern müssten Grosskaufleute werden. Nicht genüge
es, wenn man die Waaren von Hamburgern oder Lübeckern aus
zweiter oder dritter Hand kaufe oder gar erst von den Markt-
kramern beziehe. Im Grossen müsse der Handel betrieben werden.
Er erbitte sich daher die Erlaubnis, in Kiel eine Grosshandlung
zu errichten, zu der er die Waaren aus der ersten Hand einführen
wolle. In der Folge werde er selbst ein Schiff nach Westindien
absenden. Ganz besonders sei sein Bestreben, die Landesfabrikate
und die Kopenhagener Manufakturwaaren in den Herzogtümern
einzuführen. Da seine Capitalien dazu nicht ausreichen, wolle er

sich mit zwei anderen Juden[1] zu einer Handelsgesellschaft unter seiner Firma vereinigen. Es müsse zu diesem Zwecke diesen die Concession für Kiel erteilt werden. Notwendig sei auch die Haltung eines offenen Ladens für Ellen- und Seidenwaaren. Alles übrige solle nur en gros verkauft werden. Aus den Kopenhagener Fabriken verpflichte er sich jährlich für 1000 Rthlr. Waaren zu entnehmen. Die Rechte der Krämercompagnie in Kiel wolle er nicht schmälern, da er auf den Vorteil derselben, Befreiung vom vierten Teile der Waarensteuer, verzichte.

Es ist dies nur die dürre Inhaltsangabe seines Gesuches. Den rechten Eindruck wird man erst aus dem Wortlaut selbst erhalten. Das Ganze durchzieht eine gewisse Grossartigkeit der Diktion und der dieselbe hervorrufenden Gesinnung, so dass Cohen unsere volle Achtung gewinnt. Nicht lediglich der Gewinn lockt ihn, sondern auch das ideelle Wohlgefühl, in dieser Art um die Entwicklung Kiels sich verdient machen zu können, der Stolz, der erste unter allen dänischen Unterthanen gewesen zu sein, der solche weitschauende Pläne zuerst vor den Thron des Königs brachte. Das ist nicht mehr der Ghetto- und Handelsjude der Gasse, sondern der Mann, der weltmännisch gebildet die merkantilen Verhältnisse beherrscht und der mit seinen Plänen den König, das Commerzkollegium und die Kanzlei so gefangen nimmt, dass die russische Judengesetzgebung Kiels den ersten Stoss erhält.

An Seiner Königl. Mayestät.

So einleuchtend die landesväterliche Sorgfalt ist, welche Ew. Königl. Mayestät zur Aufnahme des vormals Grossfürstl. Anteils am Herzogthum Holstein und vorzüglich der Stadt Kiel geruhen zu Tage zu legen, so gewis und wahr ist es auch, dass der Flor dieser Stadt nie denjenigen Grad der Vollkommenheit erlangen könne, den die grossen Kosten, die darauf verwandt werden, hervorbringen müssen: so lange der Geist der Handlung, die Seele des Staats, nicht darin blühender und lebhafter werde, so lange daselbst der Krämer nur Krämer bleibet, nicht trachtet, Kaufmann zu werden und seinen Kram-Laden zum Waaren-Lager umzuschaffen: — So lange wird Kiel nie zu einer Grösse kommen

---

[1] Die Namen sind im Gesuche nicht angegeben, doch werden es ohne Zweifel dieselben wie im ersten Gesuche sein: Abraham Joachim und David Joachim Cohen in Hamburg.

und als die Hauptstadt des Landes sichtlich über die andern
Städte ihr Haupt emporheben können.

Die Stadt Kiel ist wegen ihrer Lage zur Handlung sehr be-
quem. Sie hat nicht nur den vortreflichsten See-Hafen, sondern
sie ist auch in den Fürstenthümern Schleswig und Holstein gleichsam der Mittelpunkt, woselbst die Ritterschaft und der Adel jährlich zusammen kommen, ihre oekonomischen Angelegenheiten zu
betreiben. Schon dieses könnte dem spekulierenden Kaufmann
Beruf und Antrieb genug sein, an diesem Orte ein Lager von
solchen Waaren zu haben, die nicht aus der 2ten oder 3ten Hand
eingekauft, sondern aus der 1ten Hand kommittirt worden wären,
wodurch der Gewinn des Handels ihm allein und nicht denjenigen,
die solche für ihn gleichsam aufgekauffet haben, zuflössen. —
Diese Aussichten verschönern sich aber unendlich durch den in
Holstein gegrabenen Kanal, wodurch die Ost- und Nordsee in dem
Kieler Fiord vereinigt werden. Hier hat der Kaufmann Gegen-
stände vor sich, die alle Erwartung übersteigen. Mit gleichen
Kosten statt ein Meer zwei Meere zu erblicken, worauf er Waaren
kann kommen lassen und wieder abschiffen. — Er hat weniger Ge-
fahren mit seinen Schiffen auf der See zu befürchten. — Er wird
selbst nunmehr das, was vormals andere Nationen für ihn waren,
ihr Spediteur und Geschäftsverwalter. Alles dieses aber bringt
wahren Vorteil, Nuzzen und Reichthum dem Lande und dessen
Einwohner, den auch selbst benachbarte Oerter, wo Handel und
Wandel blühen, nicht nur laut anerkennen und einsehen, sondern
die sogar den Kielischen Einwohnern das Glück beneiden, das ihnen
von unserm huldreichsten Monarchen auf diese Weise in vollem
Maasse zufliesset. Dennoch ist bisher nicht der geringste Anschein
vorhanden, dass die Handlungtreibende zu Kiel, überzeugt von
der Wichtigkeit dieser Sache, auf die Ausbreitung des Handels
nur die geringste Aufmerksamkeit richten. Man weiss noch nicht,
dass ein ordentliches Handlungs-Haus zu dem Ende zu Kiel soll
errichtet oder Personen, deren Vermögensumstände es für sich
nicht erlauben, grosse Geschäfte zu unternehmen, sich mit andern
bemitteltern Personen dazu verbinden werden. Die · Handlung,
welche noch zur Zeit zu Kiel betrieben wird, befindet sich grösstenteils in den Händen einiger Krämer, die an der Zahl etwa 12
Personen in der sogenannten Krämer-Zunft aufgenommen sind und
nach ihren Artikeln gewisse Privilegien geniessen. Diese begnügen sich, ihre Waaren von den Hamburgern und Lübeckern, also
aus der 2ten und 3ten Hand zu verschreiben und solche daher
grosstenteils zu Lande mit den Frachtwagen einführen zu lassen;
oder die diese Umwege nicht wählen, kaufen ihre Boutique-
Provisionen gerade zu von den fremden Marktkrämern. Wer kan
aber alsdann wol bestimmen, durch wie viele Hände diese Waaren
haben gehen mussen? Selbst diejenigen Waaren, als Fische, Trahn

etc., die hier in den Dänischen Staaten erzielet oder von den zu
Kopenhagen errichteten Ost- und Westindischen Kompagnien im
Grossen verkauffet werden, müssen zum Theil durch die Hände
der Ausländer gehen, bis selbige wieder von gedachten Krämern im
Kleinen abgesezzet werden. Ausser diesen in der Zunft aufgenommenen Krämern sind zwar zu Kiel annoch etwa 3 oder 4
Personen, welche ihr Gewerbe damit treiben, dass sie einige aus
Schweden und Finland zum Verkauf zu Kiel eingebrachte Waaren,
als Eisen, Pech, Theer, Bretter etc. einkaufen, worunter sich nun
wol einige Waaren befinden mögen, die von ihnen kommittirt
worden sind. Dieser Handel ist aber bekantlich nicht von solcher
Art, dass man selbigen mit Recht ein Handlungsgeschäft nennen
könne, sondern er neiget sich mehr zu der obbeschriebenen Art
des Handels, wobei die Waaren am Ende oftmals durch verschiedene Hände gehen, bis sie zu Kiel ankommen und von solchen
Ankäuffern weiter debitiret werden.

Kiel ist also im eigentlichen Verstande noch kein Handlungs-
Ort zu nennen, den in kurzen Natur und Kunst vor allen See-
Handels-Plätzen von Europa einen Vorzug geben werden und die
dortigen Einwohner scheinen noch nicht diese daraus fliessende
Vorteile benuzzen zu wollen. Ew. Königl. Mayestät bewogen aus
landesväterlicher Huld und Gnade wollen gleichwol lieber, dass
die Einheimischen diese Gelegenheit zu ihrem Nuzzen anwenden,
als dass Ausländer sich derselben bedienen, welches allerdings
unter diesen Umständen in der Folge zu befürchten seyn dürfte.

Unterzeichneter Bürger und Schuzjude zu Kiel waget es
daher zuerst unter den dortigen Einwohnern aufzutreten und zu
zeigen, dass er nach seinen Handlungs-Kenntnissen die Vorteile
erkenne, die aus grossen Geschäften dieser Art entstehen und
Kiel der Ort sey, wo selbige jezzo vorzüglich getrieben werden
können. Zu dem Ende bin ich gewilliget, eine Handlung im
Grossen zu Kiel zu errichten von dessen Art und Beschaffenheit
sowol als von den Freiheiten die mir zu Ausführung solchen Unter-
nehmens unumgänglich nothwendig sind und ohne welche ich ganz
und gar nicht im Stande bin, mein Vorhaben ins Werk zu sezzen,
das ist meine Handlung einigermassen mit Macht und Nachdruck
zu betreiben, nehme ich mir die Ehre, Ewr. Königl. Mayestät
Nachstehendes allerunterthänigst zu Füssen zu legen und zu Ausführung meines Zweckes Allerhöchstderoselben Gnade mir zu
erflehen.

Als Schuzjude habe ich schon von der vormaligen Grosfürstl.
Landes-Regierung ein Privilegium erhalten, das nunmehro von Ewr.
Königl. Mayestät allergnädigst bestätiget worden, wornach ich
ohne Unterschied mit allen Waaren, sie mögen Namen haben, wie
sie wollen, mit Ausschliessung eines offenen Ladens einen Handel
treiben dürfe. Diese Freiheit ist aber nicht völlig hinreichend zu

meinem jezzigen Vorhaben, weil demselben dadurch gar zu enge Schranken gesetzet werden. Ich habe nemlich eine gedoppelte Absicht bei meinem jezzigen Etablissement zum Grunde:

1) Eine Handlung zu Kiel zu errichten, wo alle Waaren im Grossen direkte aus der ersten Hand verschrieben werden und, nachdem diese in der Folge sich etwas ausgebreitet haben wird, für Rechnung des Kontoirs ein Schiff auf Westindien abgehen zu lassen.

2) Die Landes-Fabrikata und vorzüglich die Kopenhagener Manufaktur-Waaren in den Königl. Deutschen Staaten einzuführen und zu debitiren.

Diese beiden Punkte vereinigen sich in meinem Handlungs-Plane zu einem einzigen Gegenstande, wovon keiner getrennet werden kann.

Ad primum. Zu Errichtung einer solchen Handlung sind ohnstreitig ansehnliche Kapitalien erforderlich, welche als der Haupt-Grund dem ganzen Gebäude die gehörige Festigkeit und Dauer geben müssen. Von ihnen hänget alles ab. Der Kredit des Kaufmanns ist sein Glück und Ehre und ohne demselben ist aller Fleiss und Bemühung eitel und vergebens. Es ist aber nicht allezeit eines einzigen Mannes Sache, durch sich allein dasjenige zu verschaffen, was zu einer solchen Entreprise erforderlich ist. Ich habe deswegen mit ein Par Personen meiner Nation Rücksprache gehalten, die sich mit mir verbinden werden und welche ich wünschte zu meine Associirte nehmen zu können und unter der Firma meines Namens David Lewin Cohen meine Handlungs-Geschäfte anzufangen. Diese beide Juden sind zwar Ausländer, sie sind aber sehr bemittelte und reiche Leute. So bald sie in meiner Handlungs-Gesellschaft eintreten werden, verpflichte ich mich, gerichtlich zu erweisen, dass Jeder unter ihnen das in dem Indigenat-Rechte zu Erlangung der Naturalisation für einen Fremden bestimte Kapital von 10,000 Rthlr. nicht weniger im Vermögen habe und im Lande einbringe, wenn es Ewr. Königl. Mayestät unter dieser Bedingung allerhöchstgefallen solte, zu bewilligen: dass sie mit ihrer Familie in Kiel sich häuslich niederlassen und des allerhöchsten Schuzzes sich zu erfreuen haben dürfen!

Ad secundum. Da der Handel im Grossen in Hinsicht des Absazzes im Anfange zu Kiel wol nicht meiner Erwartung völlig entsprechen möchte, weil die Bahn neu ist, die kein anderer vor mir betreten hat, und ich zugleich mit den inländischen und vorzüglich den Kopenhagener Fabrik-Waaren einen Handel treiben mochte, dieser aber nur im Kleinen geschehen kan, so würde ich letzteren Zweck garnicht erreichen können, wenn es mir nicht allergnädigst erlaubet werden solte, zugleich einen offenen Laden zu halten. Die Freiheit zur Haltung einer offenen Boutique wird sich aber nur blos auf alle Arten Ellen- und Seiden-Waaren erstrecken. Alle andern ausser diese Art Waaren, die ich verkaufe, sollen nicht aus der Boutique, sondern nur im Grossen debitiret werden. Geruhen Ewr. Königl. Mayestät nun diese allerunterthänigste Bitte gleichfals allergnädigst zu erhören, so verbinde ich mich bei Verlust dieser allerhöchsten Freiheit, von den Kopenhagenern Fabriken für die Summe von 1000 Rthlr., schreibe Ein Tausend Reichstl., Waaren, nicht unter derselben jährlich zu verordnen, jedoch unter Verhoffen, dass die auf die Ausfuhr derselben nach Norwegen festgesetzte Premie von 5 p. Ct. auf diejenigen Waaren, die solchen Vergütung fähig sind, mir gleich dortigen Unterthanen ebenfalls zufliessen werde. Dass aber alsdann, so lange ich von dieser Freiheit, einen offenen Laden zu halten, Gebrauch mache, obbeschriebene Quantitet Kopenhagener Fabrik-Waaren jährlich von mir genommen werden, mache ich mich ferner anheischig, da, wo es befohlen werden möchte, allenfalls bei dem Königl. General-Waaren-Magazin zu Kopenhagen oder auf der Zoll-Kammer zu Kiel beim Schluss jeden Jahres zu erweisen.

Ich weiss es, allergnädigster Monarch, dass das Königl. Generallandes-Oekonomie und Kommerz-Kollegium schon seit einiger Zeit angewandt gewesen, in den Fürstenthümern die Kopenhagener Fabrik-Waaren bekannt zu machen. Ich habe aber noch nicht erfahren, dass ein einziger Kaufmann daselbst solche feil habe und verkaufe. Diese Spekulation ist also ganz neu, und ich verspreche mir um so mehr Vorteile davon, als ich vielleicht durch meine grosse Bekanntschaft unter dem Holsteinischen Adel die beste Gelegenheit habe, solche anzubringen und in der Folge der Zeit grössere Quantiteten jährlich kommittieren könne, als diejenige ist, wozu ich mich jezzo verpflichte.

Durch die Ertheilung des gesuchten Privilegii zur Haltung eines offenen Ladens scheinen meinem Bedünken nach auch um so weniger die Gerechtsame der Kielischen Krämer-Kompagnie geschmälert zu werden, als ich auf ihre Vorzüge allen Verzicht thue. Diese bestehen hauptsächlich darin: dass die Glieder derselben nach der Schleswig-Holsteinischen Zoll-Verordnung vom 23. Nov. 1778 Kap. 15 Art. 4 Num. 4 für die zu ihrem Handel eingehende Waaren von Erlegung des 4ten Theils der Licenten allergnädigst befreiet worden.

Wie viele Beispiele sind nicht, dass in andern Städten des Herzogthums Holstein, woselbst ähnliche Krämer-Kompagnien vorhanden sind, Personen, die so gar nie das Handlungs-Geschäft erlernet oder getrieben haben, durch specielle landesherrliche Privilegien an allen ihren Vorrechten haben Theil nehmen dürfen? Ja selbst von meiner Nation kann ich ein Beispiel anführen: Dass der Schwiegersohn des zu Rendsburg wohnenden Juden Philipp Nathan an demselben Orte, wo ebenfalls eine Krämer-Zunft ist, einen offenen Laden zu haben, vor wenig

Jahren mit einem allerhöchsten Privilegio versehen worden, wenn
er gleich nur kurze Zeit davon Gebrauch gemachet haben soll.
Dieses, allergnädigster König, sind diejenigen Freiheiten,
die ich von Allerhöchstdemselben alleruntertänigst erflehe. Dieses
sind die Gründe, womit ich mein allergehorsamstes Gesuch
unterstützze. Bin ich so glücklich, diese zu erhalten, unter den
angeführten Bedingungen zu erhalten, so glaube ich mich im
Stande zu befinden, bedeutende Handlungs Geschäfte zu Kiel
unternehmen zu können! Die Gewährung meiner Bitte wird
zugleich die lebhaftes'e Freude in mein Herz eindrücken, dass ich
der erste unter allen dänischen Unterthanen gewesen, der sich
erkühnt, Vorschläge von dieser Art vor dem geheiligten Throne
Ewr. Königl. Mayestät alleruntertänigst darzulegen! Ich ersterbe
in allertiefniedrigster Ehrfurcht

Ewr. Königl. Mayestät

alleruntertänigster Knecht und treugehorsamster Unterthan

David Lewin C o h e n

Schutzjude zu Kiel.

Kopenhagen, den 29. Juli 1780.

Vom Erbprinzen Friedrich selbst wurde dieses zweite Gesuch Cohens dem General-Landes-Oeconomie-Collegium zugesandt,
mit der empfehlenden Aeusserung, »dass des Königs Sorgfalt für
die Aufnahme des Kieler Handels dieses Gesuch zu empfehlen
scheine.« Das Collegium wieder seinerseits erklärte[1], über die
beiden Gesuche Cohens nicht eher Beschluss fassen zu können,
als bis der Punkt über die Niederlassung fremder Juden überhaupt entschieden sei, und ersuchte die Kanzlei darüber um Resolution. So lag die Entscheidung über die Zukunft der Kieler
Juden dieses Mal in den Händen der Kanzlei zu Kopenhagen.
Für diese war aber der Bericht bes Kieler Magistrats über das
erste Gesuch Cohens massgebend, und sie beschloss (1781, Mai 19),
   da der Kieler Magistrat in seinem Bericht die Niederlassung
der Juden in einem Orte, wo der Handel blühen soll, unter ge-
wissen Einschränkungen notwendig hielt und Ihro Königl. May.
höchstdero Sorgfalt auf die Beförderung der Aufnahme der Handlung in der Stadt Kiel vorzüglich gerichtet seyn lassen , beim
König daraufhin anzutragen, dass es ins künftige jedem Juden,
welcher erweislich 5000 Rthl. im Vermögen hat und in die Stadt
bringet, auch in derselben ein Haus kaufet, erlaubt seyn solle,

---

[1] Bericht 1781, Febr. 10 an die Kanzlei.

sich daselbst niederzulassen und bürgerliche Nahrung zu treiben.«
Auch das Commerzcolleg schloss sich, darüber aufs neue befragt,
diesem Vorschlage zur Aufhebung der früheren Beschränkungen
an (1781, Juni 30).

Inzwischen war zu den beiden Gesuchen Cohens ein drittes
von anderer Seite hinzugekommen. Auch Meyer Aaron und sein
Schwiegersohn Levin Wulff, beide aus Rehna in Mecklenburg,
wollten in Kiel eine Siegellackfabrik errichten.[1] Sie erbaten sich
am 18. Mai 1781 Steuerfreiheit für das von ihnen anzufertigende
Siegellack, während das nicht in Kiel fabricierte Lack mit der
Ein- und Ausfuhrsteuer belegt werden solle. Ebenso ersuchten
sie auf 10 Jahre für ihre Gebäude um Abgabenfreiheit und für
sich selbst um gleich lange Befreiung vom Schutzgelde. Auch
sollten die Behörden angewiesen werden, nur Kieler Siegellack
zu gebrauchen, so lange es dem Englischen nicht nachstehe.

Allerunterthänigstes Gesuch der beiden Juden Meyer Aaron
und Levin Wulff aus Rehna, Herzogthums Meklenburg, um das
Allergnädigste Privilegium zu Anlegung einer Siegellacks Fabrik
in Kiel.

Sr. Königlichen Mayestät.

Ew. Königlichen Mayestät unterwinden sich unterschriebene
Supplicantes, der Jude Meyer Aaron und dessen Schwiegersohn
Levin Wulff, beide aus Rehna Herzogtums Meklenburg, nach-
stehendes ihr Anliegen in tiefster Unterthänigkeit vorzutragen.

Beiderseits Supplikantes besitzen das Geheimnis, ein vorzüglich
gutes Siegellack zu verfertigen, haben dies schon lange mit glück-
lichem Erfolg getrieben und wünschen sich nun das Glück, sich
in Ew. Königlichen Mayestät Landen niederlassen und daselbst
diesen Betrieb fortsetzen zu dürfen.

Sie bitten also unterthänigst um die Allergnädigste Erlaubniss, sich nach Kiel wenden und daselbst eine mit Ausschliessungs-
Recht allerhöchst zu begnadigende Siegellacks Fabrike anlegen
zu mögen.

Um in diesem Vorhaben sich eines erwünschten Successes
vergewissert halten zu können, flehen sie demnach Ew. Königlichen Mayestät um die Allergnädigste Verfügungen an, dass solcher
von ihnen zu Kiel zu fabricirende Siegellack zollfrei aus dem
Lande geführt, dahingegen auf anderes nicht in Kiel fabricirtes
Lack Ein- und Ausführungs-Imposten, gelegt werden mögen.

---

[1] Dieses Gesuch aus Rehna und die darauf bezüglichen Akten : St. A.
zu Schleswig, a. a. O., f. 62—81.

Eben so würde es ihnen der grossen Kosten halber, die die erste
Einrichtung jedweder nützlichen Fabrike erfordert, unentbehrlich
seyn, dass das Gebäude, worin sie, die Fabricanten, mit den
Ihrigen wohnen, und dasjenige, worin sie arbeiten lassen würden,
wie sie allerunterthänigst ansuchen, auf 10 Jahre von allen Abgaben, so wie ihre Personen von dem gewöhnlichen Schutzgelde
befreyet werden mögten.

So wie endlich des Absatzes halber Supplicantes von
Allerhöchster Königl. Gnade es zu erhalten wünschen, dass den
Landes-Collegien, Regimentern und sämtlichen Königl. Beamten
auferlegt werden möge, von diesem einheimischen Siegellack, so
lange er eben so gut und wohlfeil als das beste englische Siegellack seyn wird, allein zu nehmen.

Supplicantes schmeicheln sich, dass in kurzer Zeit die Güte
ihres Siegellacks sie von selbst empfehlen und allen Zwang über-
flüssig machen wird. Sie werden auch nicht nur nach verflosse-
nen zehn Jahren gleich andern Ew. Königlichen Mayestät getreuen Unterthanen die gewöhnlichen Abgaben abzuhalten bereit
und im Stande seyn, sondern sie sind auch gleich anjetzt erbötig,
die gewöhnlichen Lasten für diejenige bürgerliche Nahrung, so
sie ausser ihren Fabriken mit andern ihren Glaubensgenossen
gemein treiben würden, zu erlegen.

Der Vortheil eines so gemeinnützigen Instituts und das so
viel beitragen wird, jährlich ansehnliche Summen Geldes im Lande
zu behalten, wird gewiss nicht wenig beytragen, Supplicantes zur
gewünschten Erhörung ihres allerunterthänigsten Gesuchs zu ver
helfen, so wie sie ihrer Seits in tiefster Devotion ersterben.

Ew. Königlichen Mayestät
allerunterthänigste

Meyer A a r o n
Levin W u l f f.

Supplicatum Rehna, den 18. May 1781.

Das Gesuch zeigt schon eine selbstbewusstere Sprache, als
die Eingaben Cohens. Es mag dies darauf zurückzuführen sein,
dass die Beiden bereits in Rehna eine Siegellackfabrik betrieben
und in der That gutes Siegellack fabriciert zu haben scheinen.
Dennoch oder vielleicht gerade deswegen sprach sich der Magistrat
auch für dieses Gesuch aus.[1] Nur sollten die Petenten von der
Steuer für ihre Gebäude und Personen nicht befreit werden, da

---

[1] Bericht 1781, Juni 29 an den Oberpräsidenten. Es sind genau dieselben Gründe angegeben, wie in dem Berichte vom 14. Juli.

die Anlage so beträchtliche Kosten nicht erfordere. Der Oberpräsident schloss sich dem im Wesentlichen an.[1] Von der Steuer
für die Häuser sollten sie nicht entbunden werden, wohl aber
etwa auf fünf Jahre von dem Schutzgelde für sich und von dem
Kopfgelde für die Bedienten. Dagegen sei ihnen die Zollfreiheit
für ihre fabricierten Waaren zu gewähren und der fremde Siegellack mit Abgaben zu belegen, auch solle ihnen »zur Ermunterung
und Herbeyziehung mehrerer fremden Fabrikanten« die Concession
unentgeltlich ausgefertigt werden.

So stand alles für Cohen und die Beiden aus Rhena aufs
beste. Dennoch blieb die endgültige Entscheidung des Königs
aus. Noch am 2. Oktober 1781 erinnerte das Commerzcolleg
zu Kopenhagen die dortige Kanzlei daran, dass sie eine Verfügung des Königs in dieser Sache habe auswirken wollen. Auch
machte die Kanzlei in der That eine Vorstellung beim König.
Dann aber schweigen die Akten. Was hindernd dazwischen kam,
erfahren wir nicht. David Levin Cohen siedelte 1782, da alle
seine Versuche[2] fehl schlugen, nach Hamburg über, und auch die
Errichtung der Siegellackfabrik durch Meyer Aaron und Levin
Wulff unterblieb.

Trotz alledem war das Vorgehen Cohens nicht vergebens
gewesen. Seine Bestrebungen hatten die Nützlichkeit der Juden
erwiesen. Man steifte sich nicht mehr auf den Gesetzesparagraphen,
nach welchem nur Eine Familie in Kiel wohnen sollte. Man
war vielmehr bereit, die Juden aufzunehmen, wenn sie Vermögen
besassen. Nur die armen zur Last fallenden Juden wurden nach
wie vor zurückgewiesen.[3]

---

[1] Bericht 1781, Juli 16 an das Commerzcollegium in Kopenhagen.

[2] Auch ein drittes Gesuch, das Cohen 1780 von Kopenhagen aus einreichte, wurde zurückgewiesen. Hier handelte es sich nicht um ihn selbst,
sondern um seine Glaubensgenossen. Er bat um Aufhebung der 16 Schilling-
steuer, die auf den in Kiel vorübergehend weilenden schleswig-holsteinischen
und dänischen Juden als täglicher Zoll lastete.

[3] Das war z. B. mit Isaac Selig und seiner Frau Golda der Fall, die
1782, Aug. 16 um die Erlaubnis zur Haltung einer Garküche petitionierten:
St. A. zu Schleswig, a. a. O., f. 83—101 und St. A. zu Kiel J III 1, nr.
22b. Um in Kiel bleiben zu können, übernahm Selig das Amt des Kirchen-
bedienten der Juden: St. A. zu Schleswig, Acta A. XVIII, nr. 2461, I f. 258.

In die durch den Wegzug Cohens entstandene Lücke trat
Herz Philipp aus Mannheim ein. Da er seit 1779 im Geschäfte des Hofjuden Joseph Samson Levin sich fleissig und ehrlich
gezeigt hatte, machte ihn dieser zum Compagnon und gab ihm
seine Schwägerin zur Frau. Mit Rücksicht darauf, dass Philipp
keine besondere Haushaltung ausmachte und durch seine Aufnahme die Zahl der Judenfamilien nicht vermehrte, erhielt er am
4. Nov. 1783 die Concession unter denselben Bedingungen, wie
sie Cohen gehabt hatte.[1]

Acht Jahre vergingen sodann, bis weitere Judenaufnahmen
folgten. Auf Bitten des Herzogl. Meklenburg-Schwerinschen Hofagenten Michel Ruben Hinrichsen erhielt dessen in Moisling wohnender
Schwiegersohn Joseph Meyer am 6. Januar 1792 das Concessions-
privileg für Kiel. Er musste hierzu den Nachweis führen, dass
er ein unverschuldetes Vermögen von 10000 Rthl. besitze[2], und
sich verpflichten, weder zu hausieren noch einen offenen Laden
zu halten. Dagegen wurde ihm gestattet, ein Haus anzukaufen
und im Grossen und Kleinen freien Handel zu treiben.[3] Unter
denselben Bedingungen wurde am 8. April 1796 Salomon Baruch
aus Fürth aufgenommen, der Lisette Samson, die Tochter des
verstorbenen Hofjuden Joseph Samson Levin, heiratete und im
Geschäfte des Herz Philipp seit 1784 anfangs als Gehülfe, später

---

[1] Die Akten über Herz Philipp im St. A. zu Schleswig, Acta A XVIII
nr. 4261, I f. 13—25 und St. A. zu Kiel J III 1, nr. 23. Sein Gesuch v.
30. April 1782 in Schleswig, a. a. O., f. 15- 16. Eine Geschäftsannonce
des ›Königl. Hofjuden Joseph Samson und Herz Philipp, in der Kettenstrasse‹
siehe in den Kielischen gemeinnützigen Nachrichten von dem Jahre 1785,
zweites Stück, Sonnabend den 8. Jan.

[2] Das war die in der Indigenatverordnung v. 15. Jan. 1776 vorge-
schriebene Summe. Der Christ erhielt durch Besitz dieses Geldes das Recht
der Eingeborenen d. h. freien Zutritt zu Aemtern etc. Der Jude aber erhielt
mit dieser Summe nur das Recht des Wohnsitzes, das nach § 9 der Ordnung sonstigen Fremden auch ohne Vermögen zustand: Eingabe des Jacob
Meyer aus Moisling 1797, März 13 im St. A. zu Schleswig, a. a. O., f. 268
und im St. A. zu Kiel J III 1, nr. 28.

[3] Die Akten über die Aufnahme des Joseph Meyer im St. A. zu Schleswig a. a. O., f. 27—60.

als Compagnon thätig war. [1] Bei Levin Joseph Samson und
ᒑ Levin Aaron Samson, den ältesten Söhnen des Hofjuden Joseph
ᑊ Samson Levin und des Hofagenten Aaron Samson Levin, kam
die Vermögensfrage nicht in Betracht. Sie erhielten mit Berück-
sichtigung der Verdienste ihrer verstorbenen Väter und der Armut
der zurückgelassenen Witwen am 27. April und 29. Juni 1792 die
Concession, die Handlung ihrer Väter als Bürger fortzusetzen. [2]

Bis zum Jahre 1804 blieb diese Zahl der in Kiel concessionierten Juden unverändert. Ein am 14. November 1803 auf-
genommenes Verzeichnis lässt uns ähnlich dem vom Jahre 1766
den genaueren Bestand überschauen. Es befanden sich damals
in Kiel: 1) Herz Philipp aus Mannheim, seine Frau aus Hamburg,
ein Sohn und eine Tochter, beide in Kiel geboren; 2) Joseph
Meyer aus Moisling, seine Frau aus Schwerin, zwei Söhne und
drei Töchter, sämtlich in Moisling geboren; 3) Levin Joseph Samson aus Kiel, seine Mutter aus Hamburg: Witwe des Hofjuden
Joseph Samson; 4) Levin Aaron Samson aus Kiel, seine Frau
aus Rehna in Meklenburg, ein Sohn und eine Tochter, beide in
Kiel geboren, seine Mutter die Witwe Mindel [3] Aaron Samson
aus Rehna, sein Bruder Aaron Joseph Samson aus Kiel; 5) Salomon Baruch aus Fürth, seine Frau aus Kiel, ein Sohn und eine
Tochter, beide in Kiel geboren. Zu diesen fünf concessionierten
Haushaltungen treten hinzu der vom Almosen lebende Hirsch
Samson [4] aus Kiel und seine Frau, ferner die im Dienste der
concessionierten Juden stehenden Nathan [5] Joseph Samson aus

---

[1] Rechtlich galt er von 1784—1796 ebenso, wie früher Herz Philipp
vor seiner Concession, als Domestique. Die Acten über Baruch im St. A. zu
Schleswig, a. a. O., f. 164—188 und im St. A. zu Kiel J III 1, nr. 25.

[2] Die Akten über Levin Joseph Samson in St. A. zu Schleswig, a. a. O.,
f. 62—83; über Levin Aaron Samson ebendaselbst, f. 84—96.

[3] Im Verzeichnisse irrtümlich: Mendel. In einem Gesuche (ohne Datum)
unterzeichnet sie sich: Mündel Samson, geb. Joseph Hertz aus Naschcau.
Sie bittet den König, ihr als Witwe des Kammeragenten, eine kleine Pension
zu bewilligen: St. A. zu Kiel J III 1, nr. 24.

[4] Bruder des verstorbenen Kammeragenten Aaron Samson Levin.

[5] Bruder des Schutzjuden Levin Joseph Samson. Er erhält am 3. Febr.
1804 die Concession: St. A. zu Kiel J III 1, nr. 31.

Kiel, Joseph[1] Aaron Samson aus Kiel, Meyer Baruch aus Polen, Heymann aus Fridericia: im ganzen 29 Personen. Sie wohnen zur Miete mit Ausnahme des Joseph Meyer, der in der Schumacherstrasse ein Haus hat. Ein Lehrer und Schächter ist nicht vorhanden[2]. Wie der Magistrat an den Statthalter berichtet, beschäftigen sich die Kieler Juden grösstenteils mit dem Handel in Ellen- und anderen alten und neuen Waaren. Laut ihren Concessionen stehe ihnen ein uneingeschränkter Handel zu, wobei ihnen nur das Halten eines offenen Ladens und das Hausieren verboten sei. Die den privilegierten Familien auferlegte Abgabe sei acht Rthl. an die Kgl. Amtskasse zu Kiel und ebenso viel an die Stadtkämmerei, ausserdem zwei Rthl. Kopfsteuer für jeden jüdischen Bedienten[3].

Wenn sich derart die Zahl der Kieler Juden vermehrte, so fehlte es doch auch nicht an Plackereien, die ihnen von Zeit zu Zeit das Leben vergällten und es sie fühlen liessen, dass sie in ehemals grossfürstlich russischem Distrikte wohnten.

Dem Joseph Meyer wurde von der Krämercompagnie verboten, seine Waaren ans Fenster zu stellen, da dies der Haltung eines Ladens gleich käme. Wohl machte Meyer darauf aufmerksam,

---

[1] Bruder des Schutzjuden Levin Aaron Samson. Auch er wurde 1805, Aug 16 aufgenommen: St. A. zu Kiel J III 1, nr. 36.

[2] Noch 1797 fungiert als solcher: Hirsch, der sich Rabbiner nennt. Man vergleiche mit dem damaligen Lehrermangel den früheren Ueberfluss.

[3] St. A. zu Kiel J III 1, nr. 34 und Akta betr. die Verbesserung des bürgerl. Zustandes der Juden in den Herzogtümern 1804 im St. A. zu Schleswig, Acta A XVIII, nr. 439. Am letzteren Orte auch ein Verzeichnis der Juden in den anderen Städten mit Ausnahme Altonas: In Heiligenhafen 1 Familie zu 8 Personen, in Burg auf Fehmarn 20 Personen, in Schleswig 80 Personen (die sich bis auf einen Zahnarzt, einen Schustermeister und einen Schusterburschen mit dem Handel, mit Bereisen der Märkte und dem Hausieren beschäftigen), in Oldesloe 2 Familien zu 11 Personen, in Friedrichsstadt 186 Pers., in Glückstadt 114 Pers., in Rendsburg 37 Schutzjuden (unter denen 23 in Rendsburg geboren, von den übrigen sind 10 mit Rendsburgerinnen verheiratet und in eigenen Häusern ansässig), in Kiel 29 Pers. Summa: 448 Pers. und die 37 Schutzjuden Rendsburgs auf 150 Seelen geschätzt — 600 jüdische Seelen in ganz Schleswig-Holstein mit Ausnahme Altonas. Die hochdeutschen Juden Altonas schätzt Bolten, Historische Kirchennachrichten von der Stadt Altona (Alt. 1790/91) auf 500—600 Familien: Falk, Neues staatsbürgerliches Magazin I (Schleswig 1833), 780.

dass dies auch zahlreiche christliche Krämer thäten, die nicht zur Compagnie gehörten. Aber diese erwiderte, dass es ihr freistände, nach ihrem Belieben auf das nur ihnen zustehende Privileg bei Einzelnen zu verzichten, bei Meyer thue sie dies jedoch nicht. Als Meyer sich darauf berief, zu »freiem Handel« concessioniert zu sein, und eine Eingabe an den König einreichte (1794, Mai 15), wurde das Gesuch Meyers auf Betreiben der Krämercompagnie abgewiesen und er noch dazu in die Kosten verurteilt.[1] Auch sein Antrag, ihn in die Krämercompagnie als Mitglied aufzunehmen, wurde abgelehnt.[2]

In Altona und Rendsburg wurden die Juden zu den bürgerlich militärischen Diensten herangezogen, sie zogen in der Bürgerwache mit auf, ohne dass dies jemand befremdete.[3] Auch Levin Joseph Samson in Kiel wollte gleiche Pflichten und Rechte haben. Es sei, so sagte er in seiner Eingabe an den Rat,[4] in seiner Concession nicht als Schutzjude, sondern als Bürger bezeichnet.[5] Sei er aber dieses, so habe er die Pflicht, alles zu leisten, was andere getreue Staatsbürger dem Staate und der Stadt zu leisten

---

[1] Bescheid der Kanzlei 1794, Dez. 30. Die Kosten entstanden durch die von der Krämereicompagnie bewirkte Abschriftnahme ihrer Privilegien.

[2] Die Akten über den ganzen Vorfall im St. A. zu Schleswig, Acta A XVIII, nr. 4261, I f. 121—163.

[3] Bolten, historische Kirchennachrichten von der Stadt Altona II (1791), 161. In Rendsburg wurden sie 1812 von neuem zum Dienst bei der Bürgerbewaffnung verpflichtet: Falck, Neues staatsbürgerliches Magazin mit bes. Rücksicht auf d. Herzogthümer Schleswig, Holstein u. Lauenburg I, 811 und St. A. zu Schleswig Acta A XVIII, nr. 439. Ausser auf Altona und Rendsburg weist Levin Samson in seiner zweiten Eingabe 1797, Juni 13 noch auf »mehrere Orte« hin. Ueber Kopenhagen, wo die Juden auf Wunsch besonders vereidigt wurden, siehe Blätter für Polizei und Kultur, Tübingen 1803, Bd. I S. 568.

[4] 1796. August 9.

[5] Concession 1792, April 27 Kopenhagen s. oben, S. 41 nach St. A. zu Schleswig, Acta A XVIII, 4261, I f. 83; vollständige Abschrift ebendaselbst, f. 294—296 und St. A. zu Kiel J III, nr. 29a u. 29b. Die betreffende Stelle lautet »concediren und bewilligen, dass Unser Unterthan der Jude Levin Samson sich in Unserer Stadt Kiel niederlassen und die Handlung seines verstorbenen Vaters des Hofjuden Joseph Samson Levin als Bürger daselbst forsetzen möge«.

schuldig seien, er müsse aber auch dafür aller Ehren teilhaftig
werden, die andere Bürger genössen, so z. B. »bei öffentlichen
Aufzügen, Wachten und Beschützung der Stadt, so wie Andere
zu Erfüllung seiner Pflicht angesagt zu werden.« Auch beim be-
vorstehenden Einzug des Kronprinzen würde er nicht aufgefordert
werden, ins Gewehr zu treten. Da er aber die Begierde habe,
seinem gnädigen Landesherrn einen treuen Dienst zu leisten, so
flehe er um eine Verfügung, ihn als Bürger anzusehen und zur
Bewaffnung aufzufordern. Der Oberpräsident und der Rat dach-
ten jedoch anders über Rechte und Pflichten von Juden. Der
Bittsteller erhielt den kurzen Bescheid (1796, August 12), dass seiner
Bitte nicht statt gegeben werden könne. Klarer lautete die Antwort,
die ihm die Vorsteher der Schützengilde gaben, als er im Jahre
darauf bei der Gilde mit dem Gesuche einkam, am Vogelschiessen
teil nehmen zu dürfen: Samson sei kein Bürger, sondern ein Jude.
Mit dieser Schmähung wollte sich aber Samson nicht zufrieden geben
und so wandte er sich mit einer Bittschrift an den König selbst.

Wenn diese auch, wie wir nachher sehen werden, ebenso wenig
Erfolg hatte, so hat sich doch Levin Joseph Samson ähnlich David
Levin Cohen mit seiner Eingabe ein Denkmal gesetzt, das von seiner
Bildung, seinem Ehrgeize und seinem Streben nach Freiheit rühm-
lich Zeugniss abgelegt. Es ist, als wenn nicht der Kieler Jude
zum dänischen König spräche, sondern die gesamte Judenschaft
vor die weiteste Offentlichkeit hinträte und im flammenden Auf-
schrei über das Unrecht klagte, das ihr angethan werde: »Sind
wir denn unehrlich, wir Juden? »Auch unter uns (giebt es) viele
brave Männer und Gelehrte, viele brauchbare Köpfe, starke Arme,
biedere Menschen, die mit Sicherheit und Nutzen im Staat gebraucht werden können!« Dieser Sohn des Hofjuden mit seinen
aus dem Herzen quellenden Worten war mehr als alle Verteidi-
gungsschriften ein lebender Protest gegen die Schmach der mittel
alterlichen Beschränkungen und zeigte an sich selbst den Nutzen
der Emancipation hinsichtlich der Bildung und Vaterlandsliebe,
so wie ihn Cohen hinsichtlich der Entwicklung des Handels dar-
gelegt hatte. Das ist kein Mauscheldeutsch, in dem Samson und
Cohen reden, das sind keine Cretins, die im bemitleidenswerten
Zustande um Gnade und Freiheit betteln, sondern selbstbewusste
Männer, deren Sprache und Bildung weit über das Mittelmass

ihrer christlichen Umgebung emporragt, die, soweit es in ihrem
engen Wirkungskreis möglich war, »an der Aufklärung, an der
Cultur, an der Auflebung von Ambition« ihrer Volksklasse arbei-
teten, furchtlos vor Fürsten und Könige traten und den Nachweis
führten, dass die Juden nicht schlechter, als die Christen seien.
Doch das Gesuch Samsons möge selbst für sich zeugen:

Allerdurchlauchtigster, Grossmächtigster König, allergnädigster
Erb-König und Herr!

Meine Vorfahren und besonders mein Vater der Hofjude
Joseph Samson Levin hatten seit langen Jahren nicht allein ein
Handels-Privilegium in Holstein, sondern erfüllten auch alle Pflichten
redlich, welche ein anderer Bürger und Unterthan dem Staate zu
leisten verpflichtet ist. Mir, seinem Sohne Levin Samson, ward
Anno 1792 laut Copia[1] Beylage A, wie es denn in dem Privilegio
mit dürren Worten stehet, die Concession erneuert, dass ich ein
Unterthan in der Stadt Kiel mich als B ü r g e r daselbst niederlassen und die Handlung meines Vaters gegen Erlegung des Gewöhnlichen fortsetzen möge. Ich muss also nicht als Schutzjude,
sondern als Bürger der Stadt betrachtet werden, und ich habe
auch bis dato alle Contribuenda treu bezahlt, die andere Bürger
dem Staat und der Stadt zu leisten pflegen.

Aber, Allergnädigster König! es scheint, dass bei aller Aufklärung, dessen wir uns Gottlob bei Christen und Juden hier unter
der glücklichsten Regierung zu erfreuen haben, doch noch in
einigen Städten und bei deren Obrigkeit so ein altes Vorurtheil
gegen die jüdische Nation statt hatt. Man sucht selbige auf alle
mögliche Art einzuschränken, zu drücken und von allen bürgerlichen Rechten, so viel immer möglich, zu entfernen, und das
geht selbst bis ins Kleinigliche.

Wenn ich so, über Gottes Güte gerührt, bewundere, wie in
andern Ländern, ja selbst in solchen, woselbst bey weiten nicht
Toleranz und Aufklärung solche glückliche Fortschritte gemacht
haben, als in den Staaten Ew. Königl. Majestät, alte Vorurtheile
auch gegen den Juden immer mehr und mehr abgeschafft worden,
die Juden nicht allein zum Ankauf von festen Gütern, zu Pro-
fessionsführung, sondern selber im Militairdienst und andern Pösten
zugelassen, gebraucht und wenn sie es verdienen, belohnt werden,
so betrübt es mich innig, zu sehen und an meine eigene Person
die traurige Erfahrung machen zu müssen, dass in diesen sonst
so äusserst gut und glücklich regierten Ländern unsere Nation[2]

---

[1] Siehe oben S. 43, Anm. 5.

[2] Der Ausdruck «Nation« für die Juden begegnet uns wiederholt im

noch immer unter den alten Druck leben und Vorurtheile gegen
uns nicht besiegt werden können.

Gewiss, allergnädigster König, wenn unsere Nation sich
Hofnung machen könnte, wie andere Bürger im Staat sich auch
bürgerliche Gerechtsame erfreuen zu dürfen, wenn ihre Ambition
dadurch mehr aufgereizt würde, o! ich darf es heilig versichern,
dass Ew. Königl. Majestät auch unter uns viele brave Männer
und Gelehrte, viele brauchbare Köpfe, starke Arme, biedere
Menschen finden würden, die mit Sicherheit und Nutzen im Staat
gebraucht werden könnten, die Nation würde sich auch hier im
Lande wie in andern Staaten gleichsam aus ihrem Staube, in
welchen sie mit Gewalt hereingesenkt worden, erheben. Auch wir,
durch das Beyspiel guter Christen gestärkt, würden endlich die
Augen öfnen, von manchen alten Vorurtheilen, die mit unser wahren
Religion nicht nothwendig verbunden, uns lossreissen, und wer
weiss, wenn auch hier im Lande sich Christ und Jude immer mehr
und mehr näher als Brüder und Bürger an einander schlössen,
welche noch mehr glückliche Ereignisse daraus entstehen könnten.
Mein Herz eröfnet sich weit bey diesen herrlichen Gedanken, und
ich sehe wie im prophetischen Geiste schon im Voraus das Glück,
die Wonne und den blühenden Zustand unser mehr wie itzo aus
sclavischen Druck erlöster Nachkommenschaft. Ja, allergnädigster
König! auch in dero Landen werden wir itzo so sehr im Druck
lebende Juden einst eben die Rechte und Freyheiten anderer treuer
Unterthanen und Bürger geniessen.

Aber ich lasse mich von Enthusiasmus für das Wohl dieses
Landes und für das Glück meiner Nation zu weit verleiten, ich
werde wohl nicht unter denen Beglückten sein, die jene goldene
Zeiten erleben. Aber doch ist es meine Pflicht, so viel es mir
in meinem engen Wirkungskreis möglich ist, an der Aufklärung,
an der Cultur, Bearbeitung, an der Auflebung von Ambition meiner
Nation zu arbeiten, wenigstens mich und die Meinigen suchen dadurch herauszureissen und zu zeigen, was innere Kraft und Bestrebungen nach Besserwerden bey einem Menschen für Wirkung
hervorbringen kann.

So wie meine Eltern hier im Lande sich von jeher im Guten
auszeichneten und ihre Ambition im Hervorarbeiten jeden merklich hat werden müssen, so fühle ich insbesondere von Jugend auf
so einen innern Sporn, mich nicht allein als einen brauchbaren
Juden, sondern als einen guten Menschen zu zeigen und das Vertrauen und der Umgang, den sehr viele brave Christen mehr

---

18. Jahrh. Man unterscheidet eine »jüdische Nation« und eine »christliche
Nation.« Siehe z. B. oben, S. 24.

würdigen, birgt mich dafür, dass ich in etwas meinen Endzweck erreicht habe. Ambition, wahres Ehrgefühl ist der einzige wahre Sporn, wodurch wir Menschen überhaupt zu grossen Handlungen können angereizt werden. Der Mensch, welcher keine Ambition hat, wird nur immer wie ein Wurm im Staube kriechen, nie seinem Zeitalter ein nützliches brauchbares Mitglied werden.

Ich bin ein junger Mann, ich fühle Kraft, Muth und Feuer in mein Inneres. Ehrbegierde beseelt mich und wo dem ein Riegel vorgeschoben wird, da empört sich alles in mich. Ich fühle mich Mensch, treuer Unterthan und laut meinem Handlungs-Privilegio fühle ich mich Bürger des Staats eben so gut als je ein Christ in diesem Lande. Ich leiste auch eben wie sie alle bürgerliche Contribuenda und bin selbige zu leisten bereitwillig. Ich provocire auf das Zeugnis von Juden und Christen, die mich kennen, auf meinen untadelhaften moralischen Character; also kann mir auch nichts im Wege sein, als andere christliche Bürger behandelt zu werden. Da wir Juden freilich noch nicht in jenen zu erwartenden glücklichen Zeiten leben, wo dem Juden wie dem Christen wegen denen verderblichen Zünften und Innungen nebst deren ungeheuern Vorurtheilen der Zutritt zu Künste und Handwerke und dergleichen kann gestattet werden, so muss auch ich leider mich nur in den Grenzen der Handlung einschränken. Denn zum Studiren hat mein Vater wegen den Druck der Zeit mich nicht gelassen, wie gross auch mein Trieb war. Aber als Handelsmann, als handelnder Bürger, wünschte ich doch wenigstens zu Allen zugelassen zu werden, zu welchen andere Bürger admittirt werden, darunter gehört Vertheidigung meines Vaterlandes, zu bürgerlichen Wachten, Aufzügen, Vogel- und Scheibeschiessen und was dergleichen mehr ist, admittirt zu werden.

Bereits im August vorigen Jahrs bey der glücklichen Ereignis des Hierseins unsers geliebten Kron-Prinzen gab ich bey hiesiger hochlöblichen Obrigkeit laut Beylage B. eine Bittschrift ein, dass mir möchte erlaubt seyn unter den übrigen Bürgern der Stadt ins Gewehr zu treten und auch damit Bürgerpflicht zu erfüllen, aber es ward mir geweigert, so wie itzo, da ich beym Vogelschiessen in der kleinen Gilde treten wolte, mir solches durch die Vorsteher verweigert ward.

Freilich da hier im Lande kein Richter die rationes decidendi, warum sie so und nicht anders urtheilen, angeben, so muss ich mich allein begnügen mit dem allgemeinen im Rechtausspruch gewöhnlichen Ausdruck: »Gesuch kann nicht statt haben. Aber ich weiss mich doch den Ausdruck in meinen Gedanken hinzuzusetzen: «denn Du bist ein Ungetaufter«, so wie mir die Vorsteher der Schützengilde die Ursache ihrer Weigerung deutlich genug sagten, ich sey kein Bürger, sondern ein Jude. Mein allmächtiger Gott, sind wir denn unehrlich, wir Juden? Längst habe

ich mich erklärt, wenn es vielleicht darauf ankäme, den Bürger-
Eid zu thun, dass ich selbigen zu leisten bereit wäre und bäte,
mir solchen abzunehmen.

Aber auch hier findet der edeldenkende Jude sich im Staube
wieder zurückgestossen, und es wird mir auch das geweigert. Ohn-
möglich kann dies der Wille meines allergnädigsten Königs, der
Rath einer einsichtsvollen Regierung sein, dass eine nicht unbe-
deutende Anzahl von nicht weniger guten thätigen Unterthanen
sollen bey jeder selbst kleinen unbedeutenden Gelegenheit gehindert werden, sich empor zu zwingen, dass ihr Geist durch Into-
leranz wie in träger Unthätigkeit soll gehalten, keiner unter uns
zur Nachahmung anderer in seiner Ambition zum Hervortreiben
und Besserwerden soll gestärkt werden. Auch in Altona, Rendsburg und mehreren Orten ziehet der Jude wie der Christ auf
seine Bürgerwacht und geniesst mehrere Gnade, dessen er sich
hier in den Herzogthümern nicht erfreuen darf.

Also flehe ich Ew. Königl. Majestät Gnade und Menschen-
Liebe an, zu befehlen : dass, wenn es durchaus nötig ist, dass
ich den gewöhnlichen Bürger Eid leisten muss, mir selbiger mit
denen meiner Religion erlaubten Gebräuchen mag auf meine Kosten
abgenommen und mir alsdann so wie jeden andern Bürger bürgerliche Rechte angedeihen, ich also auch zur Vertheidigung meines
Vaterlandes, zur Wachten-Beziehung, wie nicht weniger bey Schützen-
Gilden, wenn sonst gegen meinen moralischen Character nichts
einzuwenden, admittiret und meine Person nicht soll, weil ich ein
ungetaufter Mensch bin, abgewiesen und zurück gesetzt werden.
Da aber itzo die Jahreszeit ist, dass hier allerley Schützengilde im Bewege sind und ich daran als Bürger Theil zu nehmen
wunsche, so flehe ich demüthig Ew. Königl. Majestät an um eine
baldige allergnädigste Resolution.

Levin Joseph S a m s o n.

Kiel, den 13. Juni 1797.

Am 31. Oktober 1797 gab der Kieler Magistrat sein Gutachten über das erneute Gesuch Samsons ab.[1] Die Juden Kiels
seien nicht Burger, sondern laut ihren Concessionen nur toleriert.
Zu den Wachten und sonstigen bürgerlichen Veranstaltungen würden aber nicht alle Einwohner, sondern nur die Bürger herangezogen. Bisher sei kein Jude zu solchen Diensten, ebenso wenig
auch zu den Schützengilden zugelassen worden. Zudem sei noch
zu befürchten, dass die Zulassung zu solchen burgerlichen Amtern

---

[1] Bericht an den Oberpräsidenten.

als etwas ganz Ungewöhnliches Missvergnügen erregen werde
und daher für den Supplikanten selbst nachteilige Folgen haben
könne. Da sich der Oberpräsident dieser Auffassung anschloss,[1]
so erfolgte aus Kopenhagen abschlägige Antwort[2] und, um jeden
weiteren Zweifel auszuschliessen, lautete schon die Aufschrift: »Bescheid für den Schutzjuden Levin Joseph Samson in Kiel.«

Wie Samson in seinem Gesuche bereits voraussah, gehörte
er nicht zu denen, welche die goldene Zeit der Emancipation
erlebten. Um diese als herrliche Frucht am Baume der Huma-
nität reifen zu lassen, bedurfte es erst der Revolutionsstürme,
welche die verdorrten Blätter der Vorurteile und des Kastengeistes
im Nu davon wehten. Aber den Vorgeschmack der Freiheit
sollte Samson doch noch im Verein mit seinen Glaubensgenossen[3] kosten.

Als ganz besonders lästig war stets die nur für Kiel geltende
Verordnung empfunden worden, wonach die auswärtigen[4] durch
Kiel kommenden Juden ausserhalb der Marktzeit für jeden Tag
des Aufenthaltes ein besonderes Schutzgeld von 16 Schillingen
entrichten mussten. Mit dem Anfang des neuen Jahrhunderts
schwand auch diese Beschränkung. Am 16. Mai 1800 wurde
den portugiesischen in Altona ansässigen Juden, die in Kiel
ordentliche Handlung oder ein sonst zulässiges Gewerbe trieben,
gestattet, sich einige Tage vor und nach den Märkten, wie auch
auch bei der Durchreise ausserhalb der Marktzeit frei von Abgaben in Kiel aufhalten zu dürfen.[5] Drei Jahre später, am 30.

---

[1] Bericht an den König 1797, Nov. 13.

[2] 1797, Nov. 28. Die Eingaben Samsons, sowie die dazu gehörigen
Akten: im St. A. zu Schleswig Acta A XVIII nr. 4261, 1 f. 286—304 und
im St. A. zu Kiel J III, 1 nr. 29b.

[3] Um die Wende des Jahrhunderts wird einer der Kieler Juden, wahr-
scheinlich Joseph Meyer, Mitglied der dortigen Gesellschaft freiwilliger
Armenfreunde und Mitkommitierter ihrer Krankenkommission: Blätter für
Polizei und Kultur, Tübingen 1803, (I) S. 291. Man vergl., um diesen
Umschwung völlig zu würdigen, die nicht lange vorher an Meyer und Samson
ergangenen ablehnenden Bescheide.

[4] Als solche galten alle, die ausserhalb Kiels wohnten.

[5] Chronologische Sammlung der im Jahre 1800 ergangenen Verordnungen u. Verfügungen für die Herzogthümer Schleswig u. Holstein etc. S. 59.
Blätter für Polizei und Kultur, 1803, (I) 567 Anm.

September 1803, ward dies auf alle auswärtigen Juden ausgedehnt und durch Rescript des Königs wurde verfügt[1] »dass von nun an den mit verordnungsmässigen Pässen versehenen Juden ohne Unterschied der Nation der Aufenthalt in dem vormals grossfürstlichen Districte wie sonst im Herzogthum Holstein unter Vorwissen der Ortsobrigkeit frei von Abgaben verstattet werden solle.«

Damit war die letzte Schranke, die den grossfürstlichen Distrikt kennzeichnete, gefallen. Die Kieler Juden standen jetzt denen im anderen Holstein rechtlich völlig gleich, und ihre weitere Geschichte muss daher zusammen mit der der holsteinischen Juden überhaupt besprochen werden.[2]

---

[1] Chronologische Sammlung der in dem Jahre 1803 ergangenen Verordnungen etc., S. 92: Rescript an den Statthalter. Die Resolution des Königs erfolgte bereits am 16. Sept.: St. A. zu Schleswig, Acta A XVIII nr. 4260, f. 100—101. Am 8. Okt. teilte der Statthalter die neue Verfügung dem Kieler Magistrate mit: St. A. zu Kiel J III 1, nr. 33.

[2] Wenigstens in einer Note sei auf die 1795 — 1800 unter den Kieler Juden schwebenden Streitigkeiten betreffs ihres Gottesdienstes hingewiesen. Es handelte sich in der Hauptsache um den Vorsänger und Schächter Hirsch (früher in Eutin), den der reiche und zanksüchtige Joseph Meyer als gemeinsamen Beamten nicht anerkennen wollte. Es kam zu skandalösen Auftritten während des Gottesdienstes, zur Aufstellung eines Polizeidieners und zuletzt zur Schliessung des gemeinsamen Betlokals. In einer Eingabe v. 24. Mai 1796 an den König klagen Hertz Philipp, Levin Joseph Samson, Salomon Baruch, Hirsch Rabbiner, Hirsch Samson, Aaron Joseph Samson, Nathan Joseph Samson, Moses Marcus gegen Joseph Meyer und Levin Aaron Samson. Wir können hier die unerquickliche Affaire wegen ihres rein lokalhistorischen und persönlichen Charakters übergehen und verweisen nur auf den bei dieser Gelegenheit vorgelegten Etat der Gemeinde, der in der »Specification über die Einnahme und Ausgabe der Judengemein in Kiel, welche durch die Herrn Hertz Philipp und Levin Joseph Samson geschehen ist, seit der Herkunft des Herrn Joseph Meyer im Monat May 1792 und so weiter bis Ende Juny 1796« vorliegt. Die umfangreichen Akten sind erhalten im St. A. zu Schleswig, Acta A XVIII nr. 4261, I f. 218—267 und in einem selbstständigen Faszikel des St. A. zu Kiel, Schrank 4, Fach 6: »Acta in causa der Schutzjuden Joseph Meyer et Cons. contra die Schutzjuden Hertz Philipp et Consorten in puncto verschiedener Streitigkeiten in Ansehung des Gottesdienstes«.

Zur Geschichte des Hauses Musaphia.

Auf Grund inzwischen zugängig gewordenen Materials folgen hier über das Haus Musaphia (S. 5—7) einige Ergänzungen und Berichtigungen als Nachtrag.

Die Familie ist spanischen Ursprungs. Ihr nach Deutschland eingewanderter Ahnherr war der durch seine rabbinischen und medicinischen Schriften bekannte Benjamin Musaphia[1] (1605—1674), seit 1638 in Hamburg, später in Glückstadt, Leibarzt des Königs Christian IV von Dänemark, des Herzogs Friedrich von Holstein und anderer Fürsten. Ein Sohn dieses Benjamin ist unser Jacob Musaphia, geboren in Glückstadt, dann in Tönning und Hamburg ansässig[2]. Über sein Leben giebt sein Sohn Isaac in einer seiner Prozessschriften[3] folgendermassen Aus-

---

[1] Gestorben zu Amsterdam, wohin er von Glückstadt aus übersiedelte. Siehe über ihn: Moller, Cimbria literata II, 575 f. und Schröder, Lexicon der Hamburgischen Schriftsteller V, 465 f

[2] Die Annahme einer Übersiedelung nach Kiel (S. 6) ist irrtümlich. Erst von seinem ältesten Sohne Joseph Musaphia ist seit 1703 zeitweiliger Wohnsitz in Kiel nachweisbar. Die meiste Zeit jedoch verbrachte Joseph ebenso, wie sein Bruder Isaac Musaphia, auf Reisen oder in Hamburg, wo sich der herzogliche Hof befand. Mit der Verlegung des Hofes nach Kiel durch Herzog Karl Friedrich 1721 ward auch der Aufenthalt Isaacs in Kiel ein ständiger.

[3] Der Sammelband II. Slesv. Hols. 400 der Universitätsbibliothek zu Kiel enthält: »Actenmässiger Bericht, worin gezeiget wird, auf was Art und Weise des Agenten Vater Jacob Mussaphia die Gnade gehabt, in Ao. 1689 in Hoch-Fürstl. Diensten würcklich ferner engagiret zu werden, und wie dessen Sohn Joseph ihm in Officio und Commercio succediret, als auch wie der Agent Ao. 1711 ihm gefolget und mit würcklicher Bestallung als Hof-Jude begnadiget worden, nec non Die in der Gerechtigkeit gegründete Wahrheit der an dem Grossfürstl. Hause in Hochfürstl. Hand und Siegel bestehenden von dem Agenten Mussaphia habenden Foderungen und durch baare Vorschüsse an sich gebrachten und verlangten Befugniss, zu Rettung und Wiederherstellung seines Credits sowohl, als Vernichtigung der sich geäusserten Ausstreuungen, insbesondere aber desselben Gläubigern und hinterbleibenden Posterität resp. zur Sicherheit und erforderlichen etwanigen Gebrauch und Richtschnur, von ihm dem Hof- und Cammer-Agenten Isaac Mussaphia im Verlauf des 1750sten Jahrs zum öffentlichen Druck befordert. Cum Documentis probantibus respective Originalibus et Copiis authenticis a No. 1 usque No. 114.« Ebendaselbst auch die Gegenschrift des Zacharias Ernst Groht, Glückstadt den 7. Juli 1750, ohne Titelblatt, Nachrichten von den Clausenheim-Musaphischen Prozessen.

kunft[1]: »Noch lange, ehe er in Hoch-Fürstl. Dienste kam, lebte er als
ein Privatus in der Stadt Tönningen. Er handelte daselbst mit
Korn, Toback und anderen Waaren, kaufte und verkaufte Wechsel,
befrachtete Schiffe und trieb mehrere dergleichen wohlanständige
Handlungen, durch welche er schon derzeit über 12000 Rthl.
vor sich gebracht und noch dazu tempore nuptiarum in ao. 1671
mit seiner Frauen 6000 Rthl. banco zum Brautschatz erhalten
hatte. Solch ein Vermögen besass er damalen. Nachhin, wie
er die Gnade hatte, in Hochfürstl. Dienste zu treten und seine
Handlung zunahm, so nahm auch sein Vermögen zu, indem er
nicht allein nunmehro die Hochfürstl. negotia bewürckte, sondern
auch seine vorigen Commercia mit verschiedenen Landschaften,
Dithmarschen, Eyderstädt und andern angesehenen privatis fortsetzte,
von welchen leztern einige dessen Redlichkeit von solchem
Schrote und Korn befunden, dass sie selbige nicht nur auf ihrem
Todt-Bette rühmeten, sondern auch ihr Vertrauen auf ihn dahin
erweiterten, dass sie ihm die Sorge für ihre Hinterbliebenen
aufgaben, welches, ohne eitlen Ruhm zu sagen, auch dergestalt
von ihm bewerkstelliget worden, dass alle diejenigen, welche
denselben gekannt, ihn, Gott lob!, noch im Grabe rühmen und
seine Aufrichtigkeit in Andenken halten.« »Des Gross-Fürstl.
Hof und Cammer-Agenten Isaac Mussaphia Vater, Nahmens Jacob
Mussaphia, wohnete in etwa 1600 und etliche sechszig in der
Stadt Tönningen. Hier trieb er anfänglich seine Privat-Commer-
cia, [2] nachhin aber, und wie die derzeitigen Landesunruhen [3] ein-
fielen, wurden von dem Höchstsel. Herrn Hertzogs Christian
Albrechts Hochfürstl. Durchl. Glorw. Ged. demselben ohngefehr
zu Ausgange des 1675sten Jahrs gewisse Hochfürstliche impor-
tante Commerce-Affaires, die nach dahmaliger Beschaffenheit sehr
geheim gehalten werden mussten, gnädigst anvertrauet, und ab-
seiten seiner bey denen obwaltenden facheusen Umständen, ohn-
geachtet er, insbesondere, da er ein Glückstädter von Gebuhrt
war, dessfalls die schwersten Verfolgungen und Pressuren aus-

---

[1] Actenmässiger Bericht, S. V2 und A.

[2] 1674, Nov. 18 erhielt er das Schutzprivileg für Tonning: oben, S. 5.

[3] Zwischen Herzog Christian Albrecht und dem Könige Christian V.
von Dänemark, infolge dessen der Herzog nach Hamburg floh.

stehen musste, dennoch mit solcher Zele beobachtet, dass sich auch Höchstgedachte Ihro Hochfürstl. Durchl. gnädigst bewogen fanden, ihn in würckliche Bestallung zu nehmen und alle Hochfürstl. Commercia durch seine Hände gehen zu lassen,[1] nicht minder auch in die Redlichkeit seiner Verrichtungen eine so gnädige Confidence setzten, dass er bey denen von Ao. 1682 bis 1689 aufs neue entstandenen Kriegstroublen sich vermöge Höchst Ihro Befehls beständig zu Hamburg aufhalten und dasjenige, was Ihro Hochfürstl. Durchl. ihm gnädigst committirten,[2] überhaupt wahrnehmen musste. Nach dem in ao. 1689 erfolgten Frieden und der geschehenen Restitution dieser Länder gesinneten Höchst Ihro an Iacob Mussaphia gnädigst,[3] dass er sein vorher in Tönningen gehabtes Domicilium nach Hamburg translociren solte, um von daraus die Hochfürstl. Commercia sowohl mit der gnädigsten Landesherrschaft immediate, als Dero Höchstpreisslicher Rente-Cammer und Kriegs-Commissariate desto besser in Acht nehmen zu können«. Auch von Herzog Friedrich IV., der 1694 seinem Vater Christian Albrecht als Regent folgte, ward Jacob Musaphia in seiner Stellung als Hofjude bestätigt. Als Jacob im Januar 1701 starb, übernahm sein Sohn Joseph, der dem Vater bereits vorher behülflich gewesen war, die Stellung des Hofjuden. Schon 1702 kam es zu Differenzen zwischen Joseph Musaphia und dem Landrentmeister v. Clausenheim und in der weiteren Folge zu umfangreichen Processen[4] zwischen dem Hause Musaphia einerseits,

---

[1] Ich setze nunmehr diese Bestallung um ca. 1680, wonach S. 6 zu berichtigen ist. Den ersterhaltenen Beleg bietet die Urk. Christian Albrechts 1683, Sept. 15, Hamburg mit der Adresse: »Unserm Hof-Juden und Lieben Getreuen Jacob Mussaphia«: Actenmässiger Bericht, Beilage nr. 1.

[2] So spricht die Urk. Christian Albrechts 1684, Mai 21 Hamburg von einer Sendung Jacobs nach dem Eiderstedtschen: Act. Bericht, Beil. nr. 2. Am 20. Dez. desselben Jahres wird Jacob beauftragt, die Reisekasse des Herzogs zu verwalten: a. a. O., nr. 3.

[3] Urk. 1689, Okt. 20, Hamburg: a. a. O., nr. 4.

[4] Über das Prozessmaterial siehe die angeführten Druckschriften und oben, S. 6 f. Das Grossherzogl. Haus- und Centralarchiv zu Oldenburg bewahrt unter seinen Schleswig-Holsteinischen Acten: Acta betr. die Berechnungen des Generalkriegskommissariats in Kiel mit dem Hofjuden Musaphia wegen der v. Hagenschen Papiere 1736 ff., frdl. Mittheilung des Herrn Archivrats Dr. Sello in Oldenburg. Auch das St. A. zu Schleswig enthält unter seinen Reichskammer-Gerichtsakten noch einige hierher gehörige Stücke.

an dessen Spitze nach dem 1709 erfolgten Tode Josephs Isaac
Musaphia trat, und der Hochfürstl. Rente-Kammer und dem General-
Kriegscommissariate andererseits. Um welche Summen es sich
handelte und welche Geldmacht das Haus Musaphia darstellte, ist aus
einer Rechnung ersichtlich, wonach Isaac Musaphia bis zum Jahre
1736 von der Rentekammer zu erhalten hatte 44,115 Rthl. 39 Schill.
und von dem Kriegskommissariat 496,124 Rthl. 41 Schill., also
über eine halbe Million Thaler. Es muss einer andern Gelegenheit vorbehalten bleiben, diese Bedeutung des Musaphiaschen
Hauses für die Entwicklung des Herzogtums Holstein zu würdigen.

Isaac Musaphia starb 1764 und wurde in Moisling begraben.[1]
Ein Sohn Isaacs ist vielleicht der 1711 zu Hamburg geborene
und seit 1768 zu Altona wohnhafte Kaufmann und Schriftsteller
Benjamin Musaphia Fidalgo[2].

---

[1] 1782 führt der Kieler Magistrat in einem Gutachten über das Gesuch
des Isaac Selig an, dieser habe bei dem Kammeragenten Musaphia gedient,
aber schon mit dessen vor etwa 16 oder 18 Jahren erfolgten Ableben zu
Moisling bei Lübeck gewohnt: St. A. zu Schleswig, Acta A XVIII, nr. 4260.
Auch das Totenregister im isr. Gemeindearchiv zu Lübeck verzeichnet zwischen
1762 und 1765 einen in Moisling zur Beerdigung gebrachten Isaac aus Kiel:
Frdl. Mittheilung des Herrn Rabbiners Dr. Carlebach in Lübeck.

[2] Kordes, Lexicon der Schleswig-Holsteinischen und Eutinischen Schriftsteller (Schlesw. 1797), S. 117. Vgl. Falck, Neues staatsbürgerliches Magazin
mit bes. Rücksicht auf d. Herzogtümer Schleswig etc. 1 (1833), 795.